書下ろし

ネイティブが笑顔になる
# おもてなし英会話

## 神服佐知子

祥伝社黄金文庫

## はじめに

　皆さん、はじめまして。
　変わった漢字ですが、神服(はっとり)佐知子と申します。
　私はこれまで、全日空・スイス航空・KLMオランダ航空という3つの航空会社でキャビンアテンダントとして国際線に乗務してきました。また、2007年には、フライトのかたわら、国際コミュニケーションや海外マナーの研修などをする会社を起業しましたので、「空飛ぶ社長」！？というあだ名がついていました。

　なぜ会社を始めたのか ── 理由はこうです。
　「日本人とのやりとりがうまくいかない」
　「英語を勉強してきたのに話せない」
という声を、機内や接客の場で私はよく耳にしてきましたが、これはとても残念なことです。事実、日本人の英語力は、時間とお金をかけているのに、世界で上位には入っていません。また、日本には素晴らしい観光資源があるのに、外国人訪問者数・リピーター数は十分とはいえません。
　ですから、国際コミュニケーションに長けた講師陣が、自分の経験に基づいた研修を行うことで、堂々と日本のこと・自分たちのことを英語で説明できる日本人を増やしたいと思ったことが、会社設立のきっかけです。

　現在、研修依頼をいただく業種は実に幅広く、観光・飲食に携わる方々、企業の営業・総務・技術者の方々、教職員、日本

のトップレベルのアスリート、オリンピックの地元ボランティアスタッフ、さらには寺社仏閣や医療施設など多岐にわたります。ちょっと昔のように「自分は外国や英語とは無縁で過ごすから関係ない…」と言い続けることは難しく、いかに多くの分野で海外とのコミュニケーションの必要性が高まっているかがわかります。

さて、今でこそ起業をしたり、こうして英会話の本を書いたりしている私ですが、帰国子女であるとか、長い留学経験があるわけではありません。この本を手にとってくださっている多くの方と同じかと思いますが、初めて英語にふれたのは中学1年生のとき。Rの発音がやたら綺麗(きれい)なクラスメイトを羨望(せんぼう)のまなざしで見つめ、「英語の成績が落ちたら大好きなクラブ活動をやめるように」という親との交換条件で（笑）英語を学んでいたような中学時代でした。

大学卒業後、全日空で「日本的なサービスとは何か」の基礎を学びました。転職したスイス航空では、同期や先輩CAが本当に素敵なバイリンガル、トライリンガルで、少々劣等感を感じたものですが、「こうなりたいな」と観察していると、あることに気付きました。それは、"英語がネイティブレベルでなくても、とても海外の交友関係が広く、機内でお客様を一瞬のうちにファンにする人がいる"ということでした。それは、相手の文化や考え方を尊重し、ものの言い方や言葉の選び方に配慮する人、また同時に、表情でも会話する人でした。

反対に、別の職場では、"気持ちはあるのに誤解をされてしまう残念な人"を目にすることが多々ありました。

- ■ 「まぁまぁまぁ」と、お客様の荷物を奪い取るように持っていくホテルスタッフ
- ■ 分刻みのスケジュールを入れ、決められた場所に案内（移動？）することに必死の営業スタッフ
- ■ 単語数はかなり多いが、単語を使う場面がずれてしまって失礼な言い方になっている人
- ■ そもそも、自分より語学の得意な人に任せることしか考えていない人　etc...

単語やジェスチャーでも用件は通じますが、もう少し表現や振舞いを工夫すれば次の"機会"につながります。この本では、普段研修でお伝えする内容も含めて、すぐに明日から使えるものを優先して選びました。どうか気負わず、好きなページから読んでくださいね。

2020年には東京オリンピックもあり、日本全体で海外ゲストのおもてなしをする大きな機会がやってきます。仕事で英語を使う人、ボランティアスタッフになりたい人だけでなく、プライベートで海外の人との交流をしたい人などなど、本書が皆様のお役に立てることを願っています。

# *HOW TO USE* 本書の使い方

①では、言いたいことが正確に伝わらない「NGフレーズ」を紹介。どこを直せばよいのかを②で詳しく解説します。③の「おもてなしフレーズ」をしっかりチェックしましょう。

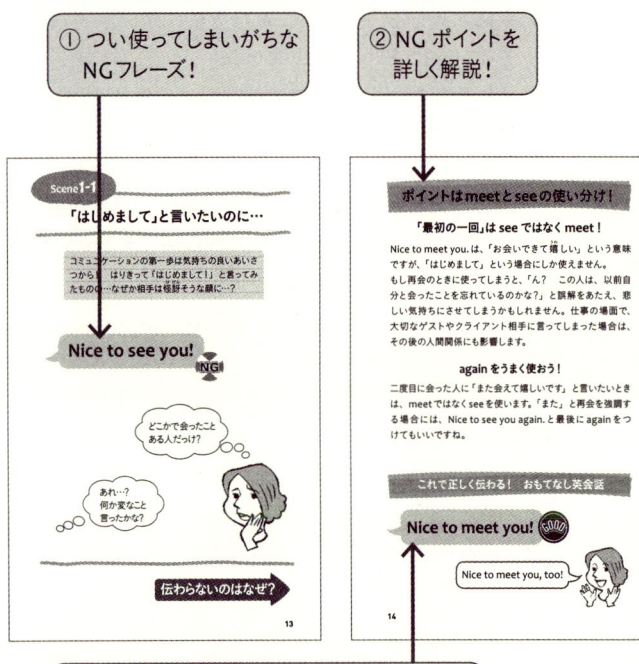

④には役立つ応用表現。関連フレーズも一緒に覚えると便利です！ さらに⑤では元CAならではの視点で書かれたコミュニケーションに関するコラムも掲載しています。

> ④ フレーズに関連するさまざまな応用表現も紹介！

使える！
応用表現

**別れのあいさつにも使える!?**

Nice to meet[see] you. → It is nice to meet[see] you.という言い方にもできます。niceの代わりにIt's a pleasure to meet you.などでもOKです。(pleasure：喜び)
また、この表現を過去形にすると、別れ際のあいさつとしても使うことができるのです。

It was nice to meet you.
Nice meeting you.
It was nice meeting you.
It was a pleasure meeting you.

これはつまり、「お会いできて"嬉しかったです"」という意味なんですね。覚えておくと便利ですよ！

**いろんな「嬉しかった」を伝えられる！**

It was nice to meet you.の表現をベースに、「お話ができて嬉しかったです」の意味に応用もできます。

It was nice talking with you.

また、ずっとメールや電話でやりとりをしていた相手と初めてお会いしたときには、It's nice to finally meet you.（やっとお会いできましたね）という言い方もできます。

---

### CAおもてなしコラム

**毎日「はじめまして」とあいさつする職場？**

機内は、何百人ものお客様と、初めてお会いする状況です。一緒に働く客室乗務員も毎回違いますので、「はじめまして」とあいさつをして、初対面同士のメンバーも含めて一緒にチームを組んで仕事をします。さて、各CAのスケジュールは航空会社が決めるのですが、ある程度CAからの希望をきいてもらえます。
中にはこんなユニークなリクエスト制度も。

■恋人同士・夫婦・友人が一緒にフライトしたい場合の"パートナーリクエスト"。
■逆に、一緒に飛びたくない人を申請しておく"一緒に飛びたくない人リクエスト"。
■わが子誕生を夢見るカップルが排卵日にオフをリクエストできる、通称"Love leave"制度も！（これには私自身もかなりびっくりしましたが…）

また、CA同士、フライトを交換してOKの航空会社もあります。知らないCAからフライト交換のお願いのメールがじゃんじゃん来ることも…。
固定メンバーではなく、いろいろな顔ぶれで働けたり、不定期ながら様々なリクエスト制度がある、というのは、CAの仕事の醍醐味かもしれません。

> ⑤ 雑学、小ネタ etc... 紹介したフレーズに関するコラムも満載！

7

# CONTENTS

**はじめに** ——————————————————————— 3

**HOW TO USE** 本書の使い方 ————————————— 6

## Section1

### シーン別　お役立ちフレーズ集 ——————————— 10

#### Scene1
コミュニケーションの第一歩　〜**あいさつをする**〜 ————— 11

**COLUM 1** CA直伝！　ユーモアのすすめ／
ユーモアセンスはCA必需品！／命がけの喫煙所！？ ————— 31

#### Scene2
失礼な聞き方をしていませんか？　〜**質問をする**〜 ————— 35

**COLUM 2** CAだって乗り物に酔う！？ ————————————— 51

#### Scene3
ちょっとした一言で印象アップ！　〜**気遣いをする**〜 ————— 53

**COLUM 3** Thank you.にプラスして感謝を伝える／
仕事仲間にも感謝を忘れず／お客様との感謝の交換 ————— 73

### Scene4
"No"で差がつく大人の英会話　〜**否定・反対をする**〜 —— 77
　COLUM 4　Noと言わないサービス精神／
　拒絶ではなく提案を ———————————— 93

### Scene5
ストレートに言えないこともある　〜**婉曲表現**〜 —— 95
　COLUM 5　機内から眺める光のカーテン！ ———— 109

### Scene6
身につけておきたい！　〜**とっさの一言**〜 ———— 111
　COLUM 6　感謝と笑顔でめざせ、接客名人！ ———— 138

## Section2

## 日本へようこそ！　おもてなし実践トピック - 140

### Topic1
## 日本料理でおもてなし ——————————— 143
　COLUM 7　ハズレなし！　和の心満載のプチプレゼント —— 160

### Topic2
## 道案内にチャレンジ ——————————— 163

## おわりに ————————————————— 182

装丁：山田麻由子　　イラスト：らう　　編集協力：編集室ビーライン

# Section 1

## お役立ちフレーズ集

こんなシーンで活躍する
フレーズが登場します。

- ■出会いや別れのあいさつ
- ■失礼のない質問の仕方
- ■さりげない気遣い
- ■否定・反対の意思表示
- ■遠回しな伝え方

Scene1

コミュニケーションの第一歩

## 〜あいさつをする〜

### Scene1-1
「はじめまして」と言いたいのに…　　13

### Scene1-2
「お待ちしておりました！」って正しく言える？　17

### Scene1-3
How are you?と聞かれたら　　21

### Scene1-4
あの便利なフレーズを英語で言いたい！　25

### Scene1-5
人の数だけ「さようなら」がある！？　29

## Scene 1-1

### 「はじめまして」と言いたいのに…

コミュニケーションの第一歩は気持ちの良いあいさつから！ はりきって「はじめまして！」と言ってみたものの…なぜか相手は怪訝(けげん)そうな顔に…？

# Nice to see you!

どこかで会ったことある人だっけ？

あれ…？
何か変なこと
言ったかな？

### 伝わらないのはなぜ？

# ポイントはmeetとseeの使い分け!

## 「最初の一回」は see ではなく meet!

Nice to meet you. は、「お会いできて嬉しい」という意味ですが、「はじめまして」という場合にしか使えません。
もし再会のときに使ってしまうと、「ん? この人は、以前自分と会ったことを忘れているのかな?」と誤解をあたえ、悲しい気持ちにさせてしまうかもしれません。仕事の場面で、大切なゲストやクライアント相手に言ってしまった場合は、その後の人間関係にも影響します。

## again をうまく使おう!

二度目に会った人に「また会えて嬉しいです」と言いたいときは、meetではなくseeを使います。「また」と再会を強調する場合には、Nice to see you again. と最後に again をつけてもいいですね。

## これで正しく伝わる! おもてなし英会話

Nice to meet you!

Nice to meet you, too!

> 使える！
> 応用表現

## 別れのあいさつにも使える！？

Nice to meet[see] you. → It is nice to meet[see] you. という言い方にもできます。nice の代わりに It's a pleasure to meet you. などでもOKです。（pleasure：喜び）

また、この表現を過去形にすると、別れ際のあいさつとしても使うことができるのです。

**It was nice to meet you.**
**Nice meeting you.**
**It was nice meeting you.**
**It was a pleasure meeting you.**

これはつまり、「お会いできて"嬉しかったです"」という意味なんですね。覚えておくと便利ですよ！

## いろんな「嬉しかった」を伝えられる！

It was nice to meet you. の表現をベースに、「お話ができて嬉しかったです」の意味に応用もできます。

**It was nice talking with you.**

また、ずっとメールや電話でやりとりをしていた相手と初めてお会いしたときには、It's nice to finally meet you.（やっとお会いできましたね）という言い方もできます。

## CAおもてなしコラム

### 毎日「はじめまして」とあいさつする職場?

機内は、何百人ものお客様と、常に初めてお会いする状況です。一緒に働く客室乗務員も毎回違いますので、「はじめまして」とあいさつをして、初対面同士のメンバーも含めて一緒にチームを組んで仕事をします。

各CAのスケジュールは航空会社が決めるのですが、ある程度CAからの希望をきいてもらえます。

中にはこんなユニークなリクエスト制度も。

- 恋人同士・夫婦・友人が一緒にフライトしたい場合の"パートナーリクエスト"。
- 逆に、一緒に飛びたくない人を申請しておく"一緒に飛びたくない人リクエスト"。
- わが子誕生を夢見るカップルが排卵日にオフをリクエストできる、通称"Love leave"制度も！（これには私自身もかなりびっくりしましたが…）

また、CA同士、フライトを交換してOKの航空会社もあります。知らないCAからフライト交換のお願いのメールがじゃんじゃん来ることも…。

固定メンバーではなく、いろいろな顔ぶれで働けたり、不定休ながらさまざまなリクエスト制度がある、というのは、CAの仕事の醍醐味かもしれません。

## Scene **1-2**

# 「お待ちしておりました!」って正しく言える?

---

大切なお客様を出迎えるシーン。何度もメールでやりとりをして、ようやく今日、直接お会いできる!そんな喜びを相手に伝える一言のはずが…。

# I've been waiting for you for a long time!

**NG**

時間通りに来たのに失礼な人ね!

---

## 怒らせてしまった原因は…?

17

# waitは「イライラしながら待っていた」！

## 「心待ちにする」は wait ではなく expect！

「待つ」というと wait が頭に浮かぶかもしれませんが、これは待ち時間が意識された「待つ」という状況のみに使われます。「お待ちしておりました！」の場合は、他の日本語に言い換えると「あなたにお会いできるのを楽しみにしていました」、つまり「心待ちにする」の意味ですので、この場合はwaitではなくexpectという言葉を使いましょう。

## have been で伝わるニュアンス

I have been expecting you. の have been は、「今までずっと」というニュアンスを伝えてくれます。
家族や会社全体で心待ちにしていた場合は、IをWeに変えて、We've been expecting you!とすることもできます。

### これで正しく伝わる！　おもてなし英会話

**I have been expecting you.**
お待ちしておりました！

Thank you!

> **使える！応用表現**

### ワンランク上の「お待ちください」

Wait a minute.という言い方は少々俗っぽいので、仕事で使うときには、

**One moment, please.**

とmomentの方を使いましょう。
仕事の場面では特に、予定が立たないことやスケジュールの大幅な変更はとても困ることですので、具体的にどれくらい待たせてしまうかを知らせるのが親切ですし、信頼感を高めます。

**Could you wait for 20 more minutes?**

などと時間をお伝えしましょう。

### 「もう待ちきれない！」と言いたいときは？

もちろんI'm looking forward to seeing you soon.でもいいのですが、

**I can't wait to see you!**

の方が、「早くまた会いたい」という気持ちがより強く伝えられます。

### 生まれるのが待ち遠しいから…？

「心待ちにする」という意味に関連して、妊娠中の女性をexpecting motherと呼びます。

## CAおもてなしコラム

### あえて「待つ」ほうがいい場面とは？

欧米の方々とお酒を飲んでいて、相手の飲み物をつぎ足すときは注意が必要です。

日本では、グラスのビールやワインが半分になったり、相手がちょっと飲んだだけでも、「まぁまぁ」と継ぎ足そうとする"お酌文化"が浸透しています（それはそれで楽しいコミュニケーションですが（笑））。

しかし欧米では、グラスが空になってから、または、相手にたずねた上で注ぐのが普通。きちんと待つのがマナーなんですね。

その理由としては、

① 飲み物が半分残っているのに新しいのをつぎ足すと、ずっと古いものが残ることになるから
② 自分のペースで飲めないから
③ つぎ足していくと、何杯飲んだか自分で把握できなくなり、酔っ払ってしまうから

などの説があります。

酔っ払いに比較的温かい目を向ける（？）日本と違って、欧米では、酔っ払った人は"自分自身のことをきちんと管理できない人"と、とても厳しい目で見られてしまいます。酔い過ぎにはくれぐれも注意しましょう。

## Scene 1-3

### How are you? と聞かれたら

知り合いに会ったときのあいさつの代表格といえば How are you?。でも、「元気ですか?」って聞かれても、元気じゃないときもあるわけで…。

Hello, how are you?

Ah ... well ...
えーと…実は…

Oh, what's up?

### どう答えるのがベスト?

## 詳しく答えなくていい場合もある！

### 体調を聞かれているわけではない？

How are you? は、知り合い同士の「お元気ですか？」という軽いあいさつで頻繁に使われる表現ですが、お店や会社の受付でもよく聞かれます。この場合は「いらっしゃいませ」に近いニュアンスですね。

これに対し、単に軽い社交辞令のあいさつですませたい場合は、

**Fine, thank you.**
**Good, thank you.**
**Not bad.**

などのおなじみのバリエーションで答える方が無難といえます。あまり深く考えず、お決まりのキャッチボールだと思って気軽に言葉を交わしましょう。

---

### これで正しく伝わる！ おもてなし英会話

How are you?

**Very good, thank you!**

> 使える!
> 応用表現

## 自分の体調を伝えてみよう

もちろん、体調が良くないことを伝える必要がある場合は、

**I'm tired.**
**I don't feel good.**

など率直に返答しましょう。

**Why? What's up?**

と聞き返されたら、

**It was so cold last night and I couldn't sleep well.**
(ゆうべは寒すぎたから、よく眠れなかったんです)

のように体調を伝えられるといいですね。

## 久しぶりに会う相手にも…

How are you?を少しアレンジして、

**How have you been?**

とすると、久しぶりに会った知り合いに「(しばらく会ってなかったけど) どうしていましたか?」と聞くフレーズになります。

## CAおもてなしコラム

### 同じ飛行機の中でも「久しぶり!」?

CAは個人個人でフライトする場所や日がまったく違いますので、フライトスケジュール次第でしばらくの間まったく会わない、ということがよくあります。

そんなとき、クルーセンター（本拠地の空港ビル）で再会すると、

　It has been a while!〔Long time no see!〕
　How have you been?
　（久しぶりだね。どうしてた？）

と会話が弾みます。

また、かなり大型の飛行機の場合、2階前方客室の担当CAと、1階後方客室の担当CAとは、サービス中なかなか顔を合わせることがありません。そのためか、長距離フライトが終わった際、CAたちの間で、

　How have you been!?

といった会話が聞かれることがあります。実際には何日も離れているわけではなく、それほど「久しぶり」でもないのですがね（笑）。

## Scene 1-4

## あの便利なフレーズを英語で言いたい！

日本人が当たり前に使う定番の「よろしくお願いします」。英語でもこれにあたる表現が使えると便利だな、なんて考えたりしますが、さて実際は…。

「よろしくお願いします」ってどう言うんだろう…

# Please be nice to me!

冷たい人だと思われてるのかしら…？

ピッタリな表現は？

# ピッタリ当てはまる一言はない！

## 直訳すると意味不明に！？

「よろしくお願いします」を直訳してうっかりPlease be nice to me.などと言わないよう注意しましょう。これでは「私に優しくしてね〜」と、まるで子どもが甘えているような言い方になってしまいます。言われた側としては、自分が優しくないと思われているように感じますし、大人同士の会話の最中にこんな言葉が飛び出したら、相手も困惑しますよね。

## 状況に合ったフレーズを使い分けよう

日本語の「よろしく」は、「このたびはよろしくお願いします」「それじゃ、よろしくね」と、出会いの場面から別れの場面まで、さまざまな意味に使いまわせるたいへん便利な表現です。相手に敬意を伝えたり、人と接する際に潤滑油になってくれるステキな言葉だと言えるでしょう。

しかし、あいにく英語では、これと同じ意味でオールマイティに使える決まったフレーズはなく、ピッタリの表現はその状況によって変わります。

次のページで、シチュエーション別のさまざまな「よろしくお願いします」を紹介しますので、ぜひ口に出して読んでみてください。

> 使える!
> 応用表現

## シチュエーション別「よろしくお願いします」

■初対面で

**Nice to meet you.**
(はじめまして)

「どうぞよろしく!」のニュアンスを含んでいます。

■別れ際に

**Let's keep in touch.**
(これからも連絡を取り合いましょう)

「今後ともどうぞよろしく!」のニュアンスを含んでいます。

## あの言葉も「よろしく」になる!

また、最も使いやすくて簡単なのは Thank you. でしょうか。「ありがとう」と相手に先んじて感謝することで、「よろしくお願いします」というニュアンスを含ませることができるのです。

**Thank you for not smoking here.**
(こちらではタバコはご遠慮くださいますよう、よろしくお願いいたします)

仕事の場面も考えてみましょう。

**I'm looking forward to working with you.**
（あなたとともにお仕事するのを楽しみにしています）

つまり、「これからどうぞよろしくお願いします」という意味になります。

**I hope the business will go well for both of us.**
（私たち双方にとってビジネスがうまくいくよう願っています）

平たく言うと「なにとぞよろしくお願いします」ということです。

**Please take care of the rest.**
（あとのことは、よろしくお願いします）

英語では、こんなふうに具体的に言うので、まずは、日本語で「よろしく」を言うとき、自分が何をお願いしているのかを普段から意識すると、英語にしやすくなりますよ。

## Scene 1-5

# 人の数だけ「さようなら」がある！？

### Good bye. だけじゃない

Bye！や See you！は、気軽で親しい間柄でカジュアルに使えます。It was nice to meet you.（→ p.15）という表現もありましたね。
オーソドックスな Good bye. は、実はやや素っ気ない印象がありますので、「さようなら」にはほかの表現が用いられることが多いのです。

### これで正しく伝わる！　おもてなし英会話

**Take care.**
それじゃ、体に気をつけて。

You, too.
あなたもね。

> 使える!
> 応用表現

## 出会ってすぐの「さようなら」

**Have a nice day. / Have a nice evening.**

直訳すると「良い一日〔晩〕をお過ごしください」。
時間によってdayとeveningを使い分けます。道を聞かれて少し話した相手など、たまたま出会ったような人との別れ際には、こういった表現が便利です。
海外からの観光客には、Have a nice stay. とか Have a nice trip. の一言が喜ばれます(自分が言われたときは必ず Thank you. と返しましょう!)。

## 別れのあいさつで業績アップ!?

販売業の方は、海外のお客様をお見送りするとき、Good bye. や See you again. のあとに、

**Thank you for shopping with us. Please come again.**

などの言葉をプラスしてみましょう。きっとお客様との距離感がぐっと縮まりますよ。
また、仕事先のお客様には、

**See you next Friday.**

と、次回のアポイントメントを確認しながらあいさつすると信頼感も増しますよ。ちょっとした一言でビジネスチャンスが広がるかも!?

## COLUM 1

## CA直伝！　ユーモアのすすめ

日本人としては、仕事中に冗談を言うと「真面目に仕事をしなさい」と怒られそうで、ためらわれる気持ちがありますよね。だからといって、冗談をまったく言わないわけではなく、プライベートではいろいろなユーモアあふれる会話をしています。特に関西フライトは笑いの宝庫です。

「あら、今日の食事、お肉はもうないのね〜。私のお肉はいっぱいあるけど」と腹部を指さすのは序の口で、よくお客様に笑わせていただきました。

笑いを共有するというのは、プライベートのみならず、仕事の場でも相手との心理的距離を縮めてくれます。状況にもよりますが、キャビン（機内客室）の雰囲気を明るくリラックスしたものにしてくれるなど、多くのプラス面があります。

日本のエアラインでは、新人CAは"きちんと真面目に"訓練フライトを受けますが、外資系エアラインでは、訓練フライト中に、新人CAに対して"冗談"というか"カワイイいたずら"を仕掛けることがあります。一緒に笑って互いの距離を近付けたり、そのいたずらを成功させるために全員が一丸となって（笑）必死に準備し、歓迎の気持ちを表したりする、通過儀礼なのです。

## ユーモアセンスはCA必需品！

私が新人のときは、「Sachiko、早くジャケットを着なさい」と突然言われ、ジャケットを着ようとしたらうまく着られず。なんと、袖口が縫い合わせてあって「ドッキリでした〜！」とい

ういたずらでした。同僚の一人は、「早く、座席の上の棚に不審物がないかチェックを済ませなさい」と言われ、OHB（overhead bin = 機内頭上の荷物入れ）を開けたら、中に隠れていた欧米の先輩CAが飛び出してきて、みんなで大笑いしたそうです。

CA同士、または、お客様からCAへのユーモア以上に、接客ではCAからお客様に対するユーモアもある程度求められます。入社時、募集要項の「求める資質欄」にgood sense of humor「ユーモアがあること」と書かれていたぐらいですから。

## 命がけの喫煙所！？

例えば、海外のお客様から機内で、Do you know a place where I can smoke without getting into trouble?「どこかタバコを吸っても良いところはありますか？」と冗談ぽく聞かれることが時々ありました。もちろん機内は禁煙です。こんなとき、ユーモアを持って、

　　Sure, it's right outside that door.
　　（ありますよ、ドアを出たところでしたら）

とか、

　　Well, if you can make it to the roof, you're welcome to smoke up there.
　　（そうですね、屋上まで登っていただけるなら、そちらでどうぞ）

と切り返すと、笑いながらあきらめてくださる方がほとんどでした。

ユーモアあふれる返事ばかりでも困りものですが、答えづらい質問への対策にはよいかもしれません。

Can you wake me up if we pass by any nice views?
(景色のいい場所に来たら起こしてくれますか?)
— We might have a nice view pretty often. So, would you like me to wake you up every five minutes?
(いい景色は本当にたくさんございますので、5分おきに起こした方がよろしいですか?)

接客では、シリアスなやりとり一辺倒でなく、少しユーモアを交えることで、心温まるやりとりになり、相手の記憶にも残ります。その後のフライトで再会したとき、「前もお会いしましたね」と言ってもらえることもあり嬉しいものです。ただ、同じ人に、同じユーモアネタは使えませんが(笑)。

Scene2

失礼な聞き方をしていませんか?

## 〜質問をする〜

### Scene2-1
質問の仕方に要注意！　　　　　　37

### Scene2-2
相手の名前を忘れたら？　　　　　　41

### Scene2-3
仕事 = job とは限らない？　　　　　45

### Scene2-4
ふれてはいけないタブーの話題　　　49

## Scene 2-1

### 質問の仕方に要注意!

相手のことをもっと知りたいとき、いろいろな質問が頭に浮かびます。まずは名前を教えてほしい! さて出てくるフレーズは? もちろん中学校で習ったあの一言…でもちょっと待って。本当にそれで大丈夫?

## What's your name?

NG

え!? 尋問?

どこに問題があるの?

## 上から目線のWhat's your name?

### ストレートな聞き方は避けよう！

文字通り「あなたの名前は何ですか？」で意味は通じますが、このままではストレートでつっけんどんな印象です。日本語で言えば「君、名前は？」といったニュアンスに…。
仕事や大切なお客様などへの対応では、

**May I have your name?**
（お名前を伺ってもよろしいですか？）

と丁寧に質問することを心がけましょう。

### 便利で丁寧な聞き方を覚えておこう

May I have 〜?はとても使いまわしのきく表現で、〈〜〉の部分に〈会社名・メールアドレス・住所・電話番号〉などを入れれば、あらゆる場面で使えます。

**May I have your address?**
（ご住所をお伺いできますか？）

---

これで正しく伝わる！　おもてなし英会話

**May I have your name?** GOOD

Sure.

> 使える！
> 応用表現

## May I? はマルチプレイヤー！

丁寧な表現の代表格の1つ、May I?ですが、この言葉で始めることで、許可を求めようとしていることがすぐに相手に伝わります。

**May I take your coat?**
（コートをお預かりしましょうか？）

**May I try this on?**
（これを試着してよいですか？）

May Iで始めるだけで、相手は「許可をとるために質問されている！」とすぐに理解して、「さあ、この状況だと何を聞かれそうかな？」と一緒に考えてくれます。

## 場面によって姿を変える May I?

例えば、お客様のお皿が空いているときMay I?と言って手で示せば「お皿を片付けてもいいですか？」（May I clear the table?)、コートを指してMay I?と言えば「お預かりしましょうか？」（May I take your coat?）という意味になります。たった2語でも丁寧な心遣いが通じるという例ですね。

39

## CAおもてなしコラム

### ショッピングの意外な上級テクニック！？

基本的にとても礼儀正しい日本人ですが、面白いことに〈許可を求める〉という点では、なかなか不慣れな部分もあります。

例えば、上司や顧客の荷物をお持ちしようと、無言で手を伸ばしている場面を想像してみてください。日本人同士であればあまり問題はありませんが、海外の方の場合、自分の持ち物に勝手に触られると「一体どうするつもり？」と不安に感じる方も少なくありません。せっかくの善意ですから、誤解を受けることのないよう、事前にMay I?（お荷物お持ちしましょうか？）の一言がほしいですね。

また、海外で買い物をするとき、「わぁ、この商品が気になる！」と勝手に触ってしまうなどもよくある光景ですが、まだ購入前はお店の所有物だということをお忘れなく。きちんと一言、お店の人にMay I?（触ってもいいですか？）と許可を得るのがマナーです。たったそれだけで、とても感じ良く対応してもらえることも！

## Scene 2-2

# 相手の名前を忘れたら？

大人数の集まりで一度会ったきりの人、何年も前にあいさつだけした程度の知り合いなど、あなたは名前を一人残らず覚えていますか？ 突然の再会で、相手の名前を思い出せないピンチ、英語ではどのように乗り越えればいいのでしょう？

> **Hi! It's been a long time.**
> あら、お久しぶりです。

あれ、しまった、名前が出てこない

**I don't remember your name.** NG

失礼すぎる！

41

# 教科書英語そのままは危険！

## 文法は合っていても…

I don't remember your name. は文法的には間違いのない英文ですが、「あんたの名前、覚えてないなぁ」といったようなニュアンスで伝わってしまいます。目の前の人に対して、こんな配慮のないセリフはありません。

また、うっかり「あなたはだれだっけ？」と Who are you? を使うなどもってのほか！ これではまるで相手を不審者扱いしているようです。

## 名前を聞き出すテクニック！

「忘れました」などと言うのではなく、相手に失礼にならないよう、うまく名前を聞き出すちょっとしたコツがあるんです。それは…。

### これで正しく伝わる！ おもてなし英会話

**Last time, we've met at, uh …**
前回お会いしたのは、うーん、たしか…

GOOD

> Oh, we've talked before at Erica's farewell party.
> ああ、以前エリカの送別会でお話ししましたよね。

> 使える!
> 応用表現

## 聞くよりも名乗ってもらおう!

まず前ページのような言い方で、「前に会ったことは覚えていますよ」ということを伝えておいてから、

**Uh, your name is …**
(えーと、お名前は…)

**Your name is pronounced uh …**
(お名前の読み方は…)

のように続けます。そうすると、相手は会話の流れの中ですんなりと自分の名前を名乗ることができます。質問して名前をたずねるやり方ではなく、うまく誘導して聞き出すというテクニックです。

一見まわりくどいようにも思えますが、面と向かって「覚えてない」などと言ったり、何度も名前をたずねたりするより、実際はこの方がスマートで、相手を傷つけない大人な対応なんですよ。

## CAおもてなしコラム

### みんな自分の名前が大好き！

欧米の人は、自分の名前に対して、より強いアイデンティティを感じているので、相手の名前に関して質問したり、ちょっとしたコメントをすることで、相手への興味を示すことができます。

"Belinda", am I pronouncing your name right?
（ベリンダ、あなたの名前の発音はこれで合ってる？）

"Michael", you have the same name as my favorite singer.
（マイケル、私の大好きな歌手と同じ名前だわ）

また、相手から自分の名前について、聞かれることもあります。

Sachiko, what meaning does your name have?
（サチコ、君の名前にはどんな意味があるの？）

— Sachiko means happiness.
（幸福っていう意味です）

英語がうまく話せなくても、相手の名前をうまく会話に差し込むと、親近感を感じてもらえます。
ぜひ試してみてくださいね！

## Scene 2-3

# 仕事 = jobとは限らない？

出会ったばかりの相手のことを知りたくて、ついつい個人的な質問をしてしまいますよね。相手が普段どういうことをしている人なのか、つまり職業に興味があるけれど、さてそんなときは…？

# What is your job?
仕事は？

NG

> まるで職務質問だよ…

## どんな聞き方がベスト？

# jobよりもdoに興味を示そう!

## 「何をしていますか?」と聞けば OK!

What's your name? (→ p.37) と同様に、「どんなお仕事をされていますか?」というつもりで What's your job? と質問すると、相手が気分を害する可能性が高いです。

そもそも、ストレートすぎて職務質問のようなニュアンスですし、相手が何らかの仕事に就いている、という前提で質問をすること自体も失礼と言えますね。

さらに、job という言葉は「仕事」を表す一般的な言葉ですが、専門的な仕事に就いている人は、自分の profession (職業)を、一般的な「仕事」を表す job と言われるとあまり良い気がしない、という理由もあります。

相手の職業や、普段どういったことをしているのか、ということを聞きたいときは、

**What do you do?**

というフレーズを使いましょう。

### これで正しく伝わる! おもてなし英会話

**What do you do?** GOOD

I'm between jobs.
求職中なんですよ。

> 使える!
> 応用表現

## 答え方にも気配りを

逆に自分が職業をたずねられたとき、どのように答えますか? I'm an office worker.では、具体的に何をしているのかの答えになっていません。

また、I work at ABC Company.のように社名を答えるパターン。会社や団体への所属意識が強い日本人にありがちなのですが、これもWhat do you do?に対する適切な答えとは言えないのです。

## 具体的な仕事の内容を伝えよう!

「具体的にあなたはどんな仕事をしているのか?」の質問には、このように答えるとよいでしょう。

**I'm in charge of marketing.**
(マーケティングの責任者です)

**I'm a receptionist.**
(受付係です)

**I'm a sales representative.**
(営業担当者です)

**I'm in retail.**
(販売員です)

会社の業種を答えたいときには、

**I work at an airline company.**
**Our company deals in groceries.**
**We make car parts.**

のように、取り扱っている商品まで言うと、イメージしてもらいやすくなります。そこから会話もふくらみますので、ぜひ自分の会社・仕事内容が答えられるように準備しておきましょう。

## 主婦でも学生でも答えられる

What do you do? は会社勤めをしている人だけへの質問ではありません。例えば主婦の方であれば、

**I'm engaged in a cooking circle.**
**I spend most of my time supporting the children's sports activities.**

学生さんなら、

**I'm a college student. I major in accounting.**

すでに退職され、これまでの経験を生かしている場合は、

**I spend my time volunteering as a community tour guide.**

など、どのような立場の人でも答えることができるのです。ライフスタイルをいきいきアピールできる、自分だけの表現をあらかじめ用意しておきましょう。

Scene 2-4

## ふれてはいけないタブーの話題

**How old are you?**
おいくつですか?

NG

なんてデリカシーのない人なの!

### 踏み込みすぎの質問は NG！

初対面の相手、特に女性に対して年齢を聞くなどもってのほか！日本やアジアの一部の地域では、年齢による上下関係の意識が根強いため、出会ってまだ間もないうちに相手の年齢を聞くことにあまり抵抗がないように思います。しかし欧米など多くの国でこんなことをたずねると、「年齢を聞いてどうするのだ？」と不快感をあたえる可能性が非常に高いのです。プライベートな質問＝無用な詮索、というわけです。文化が異なればタブーも異なる、ということは常に意識しておくべきでしょう。

# 無難な話題で乗り切るテクニックも大切!

## 必要以上に踏み込まない気配りを!

年齢以外にも、宗教 (religion)、政治信条 (political party:政党)、結婚や離婚、給料 (salary) などの話題は、親しくない間柄では避けた方が賢明です。プライバシーに踏み込む失礼な質問であるばかりでなく、ときには不要な対立を生んでしまうことも…。これは日本人同士の場合も同じですね。自分が聞かれたらどう感じるか、想像力を働かせることは、コミュニケーションを行う上で最も大切なことの1つです。もちろん、親しくなればこのようなテーマで楽しく会話することもできますので、"相手"と"タイミング"を見極めましょう。

## 盛り上がるとは限らない…

また、連帯感を好む日本人の間では血液型 (blood type) 占いなんかも人気ですが、海外では事情が異なります。血液型をたずねても「なぜそんなこと聞くの?」と不思議な顔をされます。実際、欧米人は自分の血液型を知らない人も多くいるので、この話題で盛り上がることはあまりありません。どちらかと言うと、星座の方がまだ興味を持ってもらえます。

**What is your astrological sign?**
(あなたは何座ですか?)

無難な質問の1つとして、覚えておくと便利ですよ。

## COLUM 2

## CAだって乗り物に酔う！？

一般に、機内でお客様は、旅先に向かう便 (outbound flight) よりも、旅先から自国に戻る便 (inbound flight) で体調を崩されることが多いです。滞在地でのハードスケジュール・時差・現地の食べ物などが原因となっていることがほとんどですが、私自身、機内で応急手当て (first aid) が必要なお客様のため、機内アナウンスで医療関係者を呼び出すドクターコールを、よく経験したものです。

さて、乗り物酔いしやすい方へ。

実は、私はCAという職業にもかかわらず、乗り物に酔いやすい体質でして、飛行機はさすがに慣れましたが、今でも、車や船には酔います。そんな私の"仲間"に、コツをお伝えしたいと思います。

まず、視線を上げて遠くの景色を見る、ベルトや下着ほか衣服を緩める、椅子のリクライニングを倒す、通気口から風を当てる、首の後ろを冷やすなどで、酔いは随分和らぎます。これは、機内で実際にCAが伝えるアドバイスですので、ぜひ試してみてください。

Scene3

ちょっとした一言で印象アップ!

## ～気遣いをする～

### Scene3-1
O.K. は O.K. じゃない？　　　　　　　**55**

### Scene3-2
プレゼントは「つまらないもの」？　　**59**

### Scene3-3
待たせるときの言葉選び　　　　　　　**63**

### Scene3-4
遠慮がちに「あいにく…」　　　　　　**69**

### Scene3-5
頼みごとは丁寧に！　　　　　　　　　**71**

## Scene 3-1

### O.K. は O.K. じゃない？

相手に同意したり、ほめたりするようなとき、ついつい使ってしまうあの単語。例えば、休日のプランや手料理の味など、ちょっとしたことに対して意見を求められたこんな場面で…。

How do you like that?

That's O.K.
NG

Oh …

イマイチなのかな…

ほめたはずなのに…

## いいと思ったら大げさに！

### 意外に軽い O.K. の感動

O.K. はもちろん「いいよ」「オッケー！」という意味なのですが、状況によっては、とても軽い印象を与えたり、「可もなく不可もなく及第点」というレベルの判断だと理解されることがあります。
相手をほめたつもりなのに「うん、まあいいんじゃない？」程度にしか伝わってなかったら、お互い残念ですよね。

### 言葉と表情でとことんほめる！

「いいね！」と言うなら、ほめていることが伝わるよう、

 **That's very good!**

のように言いましょう。言葉だけでなく、身振りも表情ももちろん重要！　英語でほめるときは、大げさなぐらいがちょうどいいんです！

### これで正しく伝わる！　おもてなし英会話

**That's very good!!**

GOOD

Glad to hear that!

> 使える!
> 応用表現

## O.K. よりも like !

ビジネスのさまざまな場面で What do you think? と意見を求められることもあります。そのようなときにうっかり That's O.K. と答えると、どうしても軽いニュアンスになってしまうので、何か不満があるか、あまり興味がないのではないか、と仕事に対する姿勢に不安を持たれる可能性さえあります。

このような場合は、

**I like your idea.**
(ぼくは好きですね)

**I totally agree with your plan.**
(あなたの提案に全面的に賛成です)

など、そのアイデアに対して具体的にどう感じているのか答えるのが GOOD です。

## CAおもてなしコラム

### お名前を足してより丁寧に

CAに限らず、飲食店、宿泊施設、物販店などで接客をされる方は、日に何十人、何百人ものお客様とやりとりをすることになりますよね。お客様に対する「かしこまりました」「承知しました」という意味の返事で、O.K.よりフォーマルなものには、

　All right. / Sure. / Certainly.

などがあります。ここに、相手の名前を加えて、

　Certainly, Mr. Williams.

などとすると、とても感じの良い個別対応に早変わりします。機内でも、ファーストクラスやビジネスクラスなど、あらかじめお名前がわかる方に対しては、こんなふうにネームコール(お名前で呼びかけること)を心がけています。また、お名前がわからないまま対応する場合でも、

　Certainly, Sir.　(※男性に対して)

とすると、同じように丁寧に、了承していることを伝えることができます。

O.K.が口グセになっている人は、違った了解のフレーズもご自分の「頭の引き出し」の中に入れておくと役立ちますよ。

## Scene 3-2

## プレゼントは「つまらないもの」?

欧米では、プレゼントの内容と同じくらいに、〈渡すときに添えるコメント〉が重要! さて、あなたはどんな一言を添えますか?

# This is just a useless thing.
何の役にも立たないものですが…

**NG**

じゃあいらないよ…

喜んでほしいのに…

## へりくだるより前向きに!

### 相手の気持ちが最優先

贈り物を渡すとき、日本語ではつい「つまらないものですが」「たいしたものではないのですが」と謙遜してしまいがちです。しかし英語では、「相手に喜んでもらいたい」という気持ちを素直に伝えます。
(日本語でも最近は、「お口に合うと良いのですが」「お好きだと聞きましたので」など前向きな表現を使う人も増えてきているようです。その調子!)

### 覚えておきたいこのフレーズ!

**I hope you like it!**
(気に入ってもらえると嬉しいです)

**I thought you might like it.**
(気に入るんじゃないかと思って)

こんなシンプルな表現なら、ちょっとシャイな日本人でも抵抗なく使えるのでは?

---

### これで正しく伝わる! おもてなし英会話

**I hope you like it!** GOOD

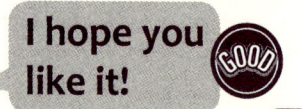

Oh, thank you!

> 使える！
> 応用表現

## 欧米式の謙虚な表現

欧米の人も、まったく謙遜しないわけではありません。また実際に、高価なプレゼントよりはささやかなもののことが多いので、こんなセリフもわりと使われます。

**Here is a little something for you.**
（ささやかですが、差し上げたいものがあります）

身につけるものをプレゼントするときには、こんな言い方も。

**This is something for you. I think this will look good on you!**
（これどうぞ。あなたに似合うと思って）

ラッピングの中身を具体的に説明しながら渡すのもいいですね。

**This is my favorite wine. I hope you'll enjoy it.**
（これは私のお気に入りのワインなんです。気に入ってくれると嬉しいな）

食事やパーティーに招かれたときは、ワインやお花を持っていくのが定番です。このような表現を覚えておくと、場を盛り上げるのに一役買えるかも？

## プレゼントをもらったら

では、〈プレゼントをもらったときに使える英語表現〉にはどのようなものがあるでしょう？　これもやはり、嬉しい気持ちを素直に表現しましょう！

**Thank you very much!  It's so beautiful!**
（ありがとう！　これ、とってもすてきですね！）

**Wow!  This is what I wanted for a long time!**
（わー！　これずっと欲しかったんです！）

**Thank you so much!  Can I open it?**
（ありがとう！　開けてもいいですか？）

日本の文化では、プレゼントをもらってもその場で開けることは少ないですが、海外ではプレゼントをもらったのにその場で開けなかったらPlease open it.なんて催促されることも。一生懸命に選んでもらったプレゼントの中身を見て、相手にその嬉しさを伝えるのは、贈り主に対するマナーになっています。包み紙を勢いよくビリビリと破くのも、ちっともマナー違反ではありません。むしろ、「待てない！　早く中身を見たい！」という嬉しい気持ちの表れで、贈った側は嬉しく思うものなのです。

## Scene 3-3

### 待たせるときの言葉選び

接客に携わったことのある人なら一度は言ったことがある「少々お待ちください」という言葉。便利なこのフレーズを口癖のように使っている人もいますが…。

> I have an appointment with Mr. Tanaka at 10.

> Wait a minute, please. **NG**

*なんて失礼なんだ！*

**怒らせてしまった原因は？**

## waitの取り扱いは慎重に！

### お客様に「待て！」はNG！

Wait a minute. は「あ、ちょっと待って」という俗っぽい言い方なので、フォーマルな場面では避けた方が無難です。
同じwaitを使うなら、きちんと文章にして、

**Could you wait a moment?**
（少々お待ちいただけますか？）

としたほうがベターです。
待ち時間が"少々"でないなら、

**Could you wait for 30 minutes?**

のように、具体的に時間を言うと信頼感が増します。
でも、もっと短く、かつ丁寧な一言があります。

**One moment, please.**

これはぜひ覚えておきましょう！

---

### これで正しく伝わる！　おもてなし英会話

> Could you turn up the air-conditioner temperature?
> エアコンの温度を上げてもらえますか？

**Sure.
One moment, please.**  GOOD

> 使える！
> 応用表現

## 「お待ちください」の一歩先

そんなに長時間お待たせしないのであれば、相手の要望にただちに応えようとする気持ちを伝えるフレーズがおすすめです。具体的に「すぐに〜します」と、どのような対応をするかを明確にすることで、相手に対する印象が大きくプラスに変わりますよ。

**I'll bring one right away.**
(すぐにお持ちします)

**I'll check on that right now.**
(すぐに確認致します)

right awayで「ただちに、すぐに」の意味です。

## 電話で待たせるとき

電話の場合の「お待ちください」も覚えておくと便利です。

**Hold on, please.**

これは、「電話を切らずに、そのままお待ちください」という意味です。

# CAおもてなしコラム

### 待たせる理由を伝えよう

日本―欧米間の便には、エコノミークラスだけで約300人ものお客様が乗っておられます。そのお客様を、6～7人のCAが接客するため、個別に素早く対応することが難しい場面もよくあります。では、かなりお待たせしてしまうときには、どんな表現を使うのが正解か？
まずは、待たせることを丁寧な表現で伝えます。

　　Could you wait a moment?
　　（少々お待ちいただけるでしょうか？）
　　Could I please have a moment of your time?
　　（少々お時間をいただいてよろしいでしょうか？）

さらに、「今から何をするために、待ってもらいたいのか」という"理由"を明確に伝えると、相手に信頼感を与えます。例えば、ほぼ毎便あるシチュエーションですが、食事の際お客様が和食を選んだのに、自分のカート（飲食物ワゴン）にもう無かった場合。

　　I'll check if there are any Japanese meals left
　　in any of the other trolleys.
　　（他のカートに和食があるかどうか確認してまいります）

このように状況を伝えると、安心してもらえますし、待ち時間も自分のために動いて探してくれているのだと理解されます。ご希望に添えない場合も、その努力をくんで、好意的にみてくれることが多くありました。

「お待たせしました」という言葉を使うときには、I'm sorry to have kept you waiting.一辺倒ではなく、
 Thank you for waiting.
 （お待ちいただいてありがとうございました）
とポジティブに言い換えてもいいですし、
 I've found the last one!  Here you are.
 （最後の和食がございました！　どうぞ）
と言うと、一緒に喜ぶ気持ちまで表現できます。

## 機内食を選ぶ意外なコツとは？

余談ですが、食事の選択が2種類あるとして、その比率は実は5：5ではありません。路線や客層、行きの便か帰りの便かなどによって、専門部署がベストな比率を考えるんです。例えば、日本からヨーロッパ便の場合、日本人乗客は行きの便では洋食を好み、帰りは日本の味が恋しく和食を希望されることが多いです。そのため、和食：洋食を7：3や8：2の割合にするのですが、たまに番狂わせもあります。日本へ帰る団体客が、ヨーロッパの空港で待ちきれず和食を食べたような場合、機内では洋食が人気となり、数が足りなくなるということも！
食事の選択を聞かれて、どちらでもいい場合は、
 Which one do you have more of?
 （どちらのお食事の方が多いですか？）
と答えると、とても感激されるでしょう（笑）。

## Scene 3-4

### 遠慮がちに「あいにく…」

日常で遭遇するさまざまな気まずいシーンでの一言。
例えば待ち合わせに遅れそうなとき、電話で何と
伝えればよいのでしょう…?

遅いなあ…

**I'll be late!**
遅くなるからね!
NG

ちっとも反省してない
じゃない!

もっと気遣い上手な表現は?

# 言いにくいことは頭にクッション言葉を！

## いきなり本題に入らないこと

焦って「遅れます！」と唐突に本題を伝えてしまうと、相手に対する気遣いが伝わりにくくなります（電話で顔が見えない場合など特に）。
そんなときに便利なのがI'm afraid 〜.。

**I'm afraid I'll be late.**
（あいにく遅れてしまいそうです）

I'm afraid 〜.は「残念ながら〜だと思います」「あいにく〜のようです」といった意味。好ましくない内容を言い出すとき、この言葉をクッションのように頭に置くと、発言のニュアンスが少し和らぐ効果があります。

**I'm afraid I can't help you.**
（残念ながらお手伝いできないと思います）

**I'm afraid it will rain tomorrow.**
（あいにく明日は雨のようです）

### これで正しく伝わる！ おもてなし英会話

**I'm afraid I'll be late.** GOOD

No problem.

## Scene 3-5

# 頼みごとは丁寧に！

> **Can you bring my suitcase to the third floor?**
> 私のスーツケース、3階まで運んでくれる？

NG

> なんて軽い
> 頼み方なんだ！

### 長〜く丁寧に！？

日本語の場合、文章が長いほど丁寧な表現になりますよね。
「〜してくれる？」
→「〜してもらえますか？」
→「〜してもらえると助かるのですが」
→「もしできれば〜してもらえないでしょうか？」
英語もこれと同じ傾向があることを覚えておきましょう。

### これで正しく伝わる！　おもてなし英会話

> **Could you possibly bring my suitcase to the third floor?**
> 3階まで私のスーツケースを運んでいただけないでしょうか？

GOOD

> Sure.

## CAおもてなしコラム

### 一言ひとこと気持ちを込めて…

状況に合わせてゆっくり話すことは、相手への丁寧さや配慮につながります。上品で敬意ある表現を使っていても、速いスピードで話せば冷たく強めの印象に。特に、英語が得意な人は立て板に水のようにスラスラとかなり速いテンポで話しがちで、相手に間違った印象を与えることもあります。

思い出すと、私がまだCAになりたてのころ、離陸前の機内で、

Could you put your bag under the seat in front of you?

（お荷物を前の座席の下に置いていただけますか？）

と言うスピードが速かったことを反省しています。威圧的な指示という印象を与えてしまったのか、お客様が無言で荷物を移動することもありました。その後、同じ言葉でもゆっくり言うと、O.K.やSure.などの言葉とともに、好意的に荷物を動かしてくれることを経験したのです。

相手に少し面倒なことをお願いする場合は、意識してゆっくりのスピードで伝えましょう。

COLUM 3

## Thank you.にプラスして感謝を伝える

CAが一番喜びを感じる瞬間、それは、お客様に「ありがとう」を言われるときです。ちょっとしたことで、相手の役に立ち、お礼を言われるのは何より嬉しいものです。そして、その感謝の言葉が励みとなって、次も喜んでもらえるように、接客にさらに自分なりの工夫をしていくのです。

機内ではCAからお客様にお礼を言うことも多々あります。ほかのお客様のために座席を変わってくれたり、私たちCAに差し入れをしてくれたり、小さなお子さんが機内でお手伝いをしてくれたり。そんなときにThank you.を言うわけですが、その一言だけで終わると気持ちが十分に伝わらない気がして悩んだものです。そういうときは、Thank you.の後に、自分が感じたことを一歩踏み込んで具体的に伝えるのがポイントです。

■ほかの方のために席をかわってくれたお客様に
That's very kind of you. We can take off, now that everyone is happily seated.
（ご親切にありがとうございます。おかげで皆様にご満足いただいた座席で出発できます）

■「疲れているでしょう」と、栄養ドリンクやお菓子などを差し入れしてくれたお客様に

Thank you for caring about us. Actually this is exactly what we needed.

(お気遣いありがとうございます。まさに私たち、これを必要としていたんです！)

## 仕事仲間にも感謝を忘れず

CAの同僚同士に関して言うと、欧米の同僚には、日本人同士のように"察する"仕事の仕方は期待できませんが、中には人の気持ちや空気を上手に読んで、仕事を手伝ってくれるような同僚もいます。そんな仕事仲間には、こう伝えるといいでしょう。

Thank you, Marie. That is very helpful. I'm impressed that you can always read my mind precisely.

(マリー、ありがとう。とっても助かるわ。いつも私が思ってることをちゃんと察してくれるから感激だわ！)

## お客様との感謝の交換

一般に、欧米のお客様は、機内で頻繁に感謝の言葉を言ってくれます。相手からお礼を言われたら、You're welcome. My pleasure.「どういたしまして」でももちろんいいのですが、

Thank you！

とyouを強く発音すると、「こちらこそありがとう！」というニュアンスになります。
"感謝の言葉は惜しまずに、多少大げさなくらいに言う！"
これは英語に限ったことでなく、日本語でも普段から心掛けていると、職場や家庭の雰囲気が変わり、周囲に（ひいては自分に）良い影響があるものです。
欧米のお客様は感謝の表現がとても豊かです。「これを持ってきてほしい」というリクエストにすぐにお応えしたら、そのお客様から「時間のあるときでいいよ、と言ったのに、すぐに持ってきてくれて、感動だわ！」とお礼の言葉をいただきました。CAも人間ですから、そこまで喜んでもらえると、次もそのお客様を優先したくなるような気になるものです。相手が"接客され上手"で一枚上手ですね（笑）。
反対に、欧米で相手への感謝の言葉を省略すると、次に何かを頼んだときの態度が変わるなど、一気に信頼を失う可能性があるので要注意。言葉を惜しまず、そのときその場で、きちんとお礼を伝えるようにしましょう。

Scene 4

"No"で差がつく大人の英会話

# ～否定・反対をする～

### Scene4-1
注意や反論は慎重に！　　　　　　　　**79**

### Scene4-2
断るときはポジティブに　　　　　　　**83**

### Scene4-3
その一言が不安にさせる！　　　　　　**87**

### Scene4-4
会話上手は断り上手　　　　　　　　　**91**

## Scene 4-1

### 注意や反論は慎重に！

「ダメですよ」「違いますよ」など、否定する言葉を伝えるときほど、そのニュアンスには細やかな気配りが必要になってきますが…。

## You didn't email me.
私にメールしてないでしょ！

NG

そんなに怒らなくても…

怒っているつもりはないのに…

## 否定的な内容のときは主語が重要！！

### 「あなた」ではなく「私」にNOT

相手の非をことさら強調する言い方を避けるには、どうすればよいのでしょう？
簡単です。相手ではなく、自分やモノを主語にするんです。それだけで、非難するニュアンスがずいぶんと和らぐんですよ。

### 「間違っている」のは〈人〉ではないことも

例えば、相手の言っていることが間違っている、と言いたいとき。You're wrong.では「君は間違っている」と相手自身を否定することになってしまいます。そうではなくて、相手が言っている〈内容〉を否定する言い方にするのです。主語をthatにして、

**That's wrong.**
と言うとよいでしょう。

### これで正しく伝わる！　おもてなし英会話

**I haven't received your email yet.**
私、まだあなたのメールを受け取っていないんです。

> 使える!
> 応用表現

## 「禁止」をうまく伝えてみよう

「〜しないでください」と相手に伝えるときに、You can't 〜 とか、Don't 〜 ではきつい印象を与えてしまいます。人格を否定されているように感じて、気分を害する人もいるかもしれません。こうした場合も、できるだけ中立的な言い方で、行動やモノを主語に選ぶとよいです。

**You shouldn't use mobile phones on board.**
→ **Mobile phones are not allowed to use on board.**
（機内での携帯電話の使用は禁止されています）

## 質問の主語にも要注意

自分の言ったことが伝わったかを確かめる際、相手に Do you understand? と聞くと、「あなたには理解できましたか?」と、相手の理解力・能力を問う質問にも聞こえます。これもまた相手の印象を悪くする可能性が…。
この場合は、

**Did I make myself understood?**
**Is that clear?**

などと言うとよいですね。この clear は、「はっきりと理解された」という意味です。

## CAおもてなしコラム

### CAは否定しないプロフェッショナル？

CAは乗客の皆様の命をお預かりしている立場ですから、保安要員として機内の安全を確保するため、禁止事項をただちに明確に伝える必要がある場合も多々あります。
例えばタバコ。You can't smoke here.では個人攻撃のように聞こえてしまうので、

　Smoking is strictly prohibited.
　（喫煙は厳禁です）

と、中立的に毅然と伝えます。
緊急時に使用する非常用ドアにもたれている人には…。

　Emergency doors should be clear at any time.
　（非常用ドア付近には立ち止まらないでください）

clearは、ここでは「障害物がない」という意味です。
また、機内では、自分で持ち込んだアルコールを飲むことができませんので、こんな案内もあります。

　The consumption of your own alcohol is not allowed.
　（アルコールのお持ち込みおよび飲酒は、かたくお断りいたします）

みなさん、気づきましたか？　厳しいアナウンスですが、主語はすべて〈モノ〉になっているんです。禁止を伝えるテクニックが、実はここにもひそんでいたんですね。

## Scene 4-2

## 断るときはポジティブに

「ご飯行かない?」「遊びに来ない?」などの嬉しいお誘い。でも残念ながら断らなくてはならないこともありますよね…。

**Why don't you come to my place for dinner?**
夕飯食べにうちに来ない?

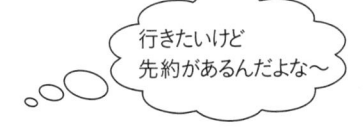

行きたいけど先約があるんだよな〜

NG

**Sorry. I can't go.**
ごめん、行けないや。

嫌われてるのかしら…

本当は行きたいのに!

83

## I wish I couldが使いこなせたらなあ…

### ポイントは「仮定法」!

せっかく受けたお誘いです。少しでも「行きたい」という気持ちがあるなら、あっさり断るのは避けたいところ。「行きたい!でも行けないんです…。本当に残念なんですが」というニュアンスを、英語でも伝えられたらいいですね。
そんなとき役立つフレーズがこちら。

**I wish I could.**
(できればそうしたいんですが)

というフレーズ。
これは文法的には仮定法で、

**できたらいいんだけど、できない。**
**行きたいんだけど行けない。行けたらいいのになぁ。**

と、実現できないことに対する願望を表します。
この言い方なら、誘った側も嬉しく感じるでしょうし、「また誘おう」と前向きに考えてくれますよ。

### これで正しく伝わる! おもてなし英会話

**I wish I could!** GOOD

じゃあ、また今度誘うね!

> 使える！
> 応用表現

## 「できないけど本当は…！」

「本心は違うのよ！」と伝えるための表現を、ほかにもいくつかご紹介します。

■ 期待に応えられず申し訳なく思う気持ち

**I wish I could help you.**
（お役に立てればよいのですが…）

■ 別れの時間が迫ってきて残念に思う気持ち

**I wish I could stay here longer.**
（もっと長くいられたらいいんですが…）

こうしたフレーズはいろいろな場面で大活躍してくれますよ。

## 手紙でも役立つ I wish

例えば、旅行先や引っ越し先など遠方から友人に手紙を送るとき。

**I am having a great time. I wish you were here.**
（こちらで、とても楽しく過ごしています。あなたがここにいたらなぁ…）

ポストカードの最後にこんな一言が添えてあったら、思わず笑顔になってしまいそうですよね。

## CAおもてなしコラム

### 人間関係のカギを握る仮定法！？

フライトでは、CAは毎回違う顔ぶれのお客様やほかのCAと出会います。

同じギャレー（飛行機のキッチン）で働いたCA同士は、すぐに打ち解けて仲良くなることも。私もそういった仲間から「今回のステイ中、私の自宅においでよ！」とか、「チーズ祭りに案内するよ！」とか嬉しいお誘いをいただくことがよくありました。もちろん、都合がよければ喜んでお受けするのですが、時差ぼけだったり、その他先約があることも…。そんな事情で「感じ良くお断りをしたいな」というとき、今回ご紹介したフレーズ I wish I could. を何度も口にしたものです（笑）。

Yes / No だけで返答を終わらせる会話では、相手との良好な人間関係はなかなか築けません。どう言い換えれば、どんな言葉を加えれば、こちらのちょっとした気持ちを乗せられるかを考えて、話を進めたいものですね。

## Scene 4-3

## その一言が不安にさせる!

自宅やホテル・レストランなどに海外からのお客様を迎えるとき、できるだけ快適に過ごしていただきたいですね。ゲストを気遣うつもりで「何かあったら知らせてください」と言うはずが…。

**If your room causes you any problems, please let me know.** NG

えっ! 何か問題がある部屋なの!?

### 誤解をあたえない伝え方は?

## ネガティブ表現は避けるべし！

### 前向き会話で伝わる気遣い

飛行機への搭乗時や、宿泊施設でのチェックイン時などに、「お座席〔お部屋〕に何か問題があれば、いつでもおっしゃってください」と言う場合。つい日本的な表現でtrouble（トラブル）、problem（問題）、inconvenience（不具合）を使ってしまうと、「何か問題が予想される席〔部屋〕に案内されたのか！？」と誤解されかねません。こうした、ネガティブなイメージがある言葉をうっかり使ってしまわないよう注意が必要です。相手の力になりたい、という気持ちを伝えたいのならば、

**Please don't hesitate to call me at any time.**
**I hope I can be of some help.**
（いつでも遠慮せずお呼びくださいね。お役に立てたら嬉しいです）

などと言う方が、積極的な姿勢や気遣いが伝わり、より自然に聞こえます。会話運びはポジティブに！

---

### これで正しく伝わる！　おもてなし英会話

**Please don't hesitate to ask me if you need anything.**
必要なものがあれば遠慮なくお申しつけください。

> 使える!
> 応用表現

## 良いことも悪いことも…

思い出に残る旅、または、その後のビジネスに気分良くのぞめるよう充電できる出張フライトになることを願い、CAは乗務しています。そのためにも、接客をする際には、言われたことだけを正確にこなすのではなく、言葉や態度で"付加価値"を付けることを意識しています。その助けとなるのが、ポジティブな表現です。

例えば、フライト到着日が日曜日で、現地でお店が開いていないということも、国によってはよくあります。それを伝えたいときは、

**I have some good news and bad news. Which would you like to hear first?**
(良いニュースと悪いニュースがありますが、どちらを先にお聞きになりたいですか?)

と切り出します。そして、

**The bad news is all the shops are closed on Sunday in this country. The good news is the weather will be extremely good during your stay.**
(悪いニュースは、この国では日曜日、すべてのお店が休業していることです。良いニュースは、ご滞在中、お天気が素晴らしく良いことです)

というように、両方セットで伝えるのです。こうすれば、相手を気落ちさせずに済みます。さらに、悪いニュースを先に言った方が、後に続く良いニュースで、相手の顔がほころぶのを見ることができますよ。

## CAおもてなしコラム

### 言葉選びで気分も変わる

機内には、時差ぼけで寝られないお客様もいらっしゃいます。機内が暗くなって、皆が寝ているのに自分だけ眠れないのはつらいですよね。そんなとき、お客様とギャレー（飛行機のキッチン）でおしゃべりをさせていただくことも多々あります。そんなときの会話。

I can't sleep at all.
（全然、眠れないんです）

— Well, it's not so bad staying up. You'll get to see a nice sunrise in a few minutes.
（起きているのもいいものですよ。もう少ししたら、素晴らしい日の出が見られますから）

お客様は、「寝なきゃ」というプレッシャーが減るのか、リラックスされることが多かったです。それに、本当に機内の窓から見る朝日は格別ですよ！

余談ですが、キャプテン（操縦士）が、フライト前のブリーフィング（簡単な報告）で、Bad news と Good news があると言ったら、「Bad news ＝フライトが遅れる、Good news ＝フライトはキャンセルではなく、目的地にはともかく着く」という内容がほとんどでした。多くのキャプテンの持ちネタですね（笑）。

# Scene 4-4

## 会話上手は断り上手

### NOT の位置が重要！

役立つ「お断り」フレーズは仮定法のほかにもあります。
例えば、I can't join you.「参加できない」には「〜と思います」を付け加えて少しでも印象をソフトにしたいところ。そこで重要になってくるのが、NOTの位置なんです。

① **I think I can't join you.**

② **I don't think I can join you.**

さてどちらのフレーズが好ましいのか…。

### これで正しく伝わる！ おもてなし英会話

**I don't think I can join you.** GOOD

Oh, that's a shame.

## 「できない」よりも「思わない」

### I don't think で始めよう

日本語では「〜できないと思う」と言う方が自然なので、ついつい I think I can't 〜. としてしまいがちですが、当然この言い方だと「できない」の部分が強調されます。
しかし、英語ではふつう not を think の側に置いて、

**I don't think I can join you.**
(参加できるとは思いません)

のように言います。「参加する」ことを否定しているのではなく、自分自身の考えを否定するわけですから、相手に伝わる NOT の印象は、こちらの方がいくらか弱くなるんですね。
日本語に直訳すると変な感じがするかもしれませんが、このニュアンスの違いはぜひ覚えておきたいところです。

### 使える！応用表現

### think 以外にも…

believe、seem、suppose などの動詞でも、同様の使い方ができます。

**I don't believe I can prepare for dinner party all by myself.**
(パーティーの準備を私1人だけでやるなんて無理よ)

**I don't suppose you can work overtime today.**
(今日、残業は厳しいですよね)

### COLUM 4

## Noと言わないサービス精神

聞かれたことに対し、Noだけで返事を終わらせないよう、代案を考えて答えるのもまた楽しいものです。気遣いのにじむ、機転の利いた対応を身につけたいものですね。

■1人1つしか用意していない機内食のパンを、もう1つ欲しいと言われたとき

Can I take another bread roll?
― Well, I still have to ask the rest of the passengers, but if we still have some rolls afterwards, then of course.
（ええと、ほかのお客様に伺ってみなければわかりませんが、後ほどもしあるようでしたら、もちろんお持ちします）

こうした会話には、英語力だけでなく対応力が必要になってきます。さらに、代案を考えるには柔軟な視点も重要です。語学のテキストによくある会話例で、「ペンを持っていますか?」「いいえ、持っていません」でやりとりが終わっているのにヒヤヒヤするのは、職業病かもしれません（笑）。

大人の英語ということで、Noと断らなくてはいけない場面でも、機転を利かせた代案を添えて伝えると、相手を気遣う姿勢が伝わりますよ。

## 拒絶ではなく提案を

機内では、あらかじめ搭載されている物品しか、お客様に提供できないという宿命があります。数に限りがある場合もあり、そのため、無いものはどうしたって無いのです。そんなときには、「あいにくご用意がない」ことを伝えると同時に、必ず提案を添えるようにします。

■リクエストされたお酒の用意がないとき

Do you have Japanese beer?
— I'm afraid we don't. But we have Japanese Sake. Would you like to try that instead?
(あいにくご用意がございませんが、日本酒でしたらございます。かわりにお試しになってはいかがですか?)

■読みたいと言われた新聞がすべて貸し出し中のとき

Do you have the Financial Times?
— I'm afraid all of the Financial Times have been taken at the moment. I'll bring you one as soon as another passenger finishes reading.
(あいにくすべて貸し出し中となっております。ほかのお客様が読み終えられましたら、すぐにお持ちいたします)

Scene5

ストレートに言えないこともある
～婉曲表現～

### Scene5-1
どちらかと言うと…　　　　　　　　97

### Scene5-2
それ、断言しても大丈夫？　　　　　101

### Scene5-3
ソフトな催促、ひかえめな質問　　　105

### Scene5-4
dieとpass awayの使い分け　　　　107

## Scene 5-1

# どちらかと言うと…

まるっきり反対ではないんだけど、どちらかと言えばNoかなあ…そんな微妙なさじ加減の返事、あなたはどう伝えますか？

> **What do you think about his opinion?**
> 彼の意見についてどう思いますか？

> **I can't agree with it.**
> 賛成できませんね。 NG

うわあ…
完全否定だ…

### キツくならない伝え方は？

## 部分否定でなめらか表現!

### quite「完全に」を否定しよう!

「まったく〇〇ってわけじゃないんだけど…」という遠回しな言い方。いかにも日本人っぽいですが、英語にもこういった表現はあります。いわゆる「部分否定」ですね。
notの後に「まったく、かなり、完全に」を表すquiteを置き、「完全には〜ない」とすることで、否定のニュアンスを和らげることができます。

**I'm not quite ready.**
(まだ完全には準備できていません)

**I'm not quite sure.**
(はっきりとはわかりません)

### これで正しく伝わる! おもてなし英会話

What do you think about it?

**I can't quite agree with it.**
大賛成というわけではありません。

> 使える!
> 応用表現

## あいまい言葉は上品?

not quiteと同じような役目を果たしてくれる言葉として、ratherがあります。これは「どちらかと言うと」とか「ある程度」といった意味。

**I'm tired.**
→ **I'm rather tired.**
（ちょっと疲れていて…）

**I'm busy.**
→ **I'm rather busy.**
（ちょっと忙しいもので…）

こうしたnot quiteやratherを上手に使うことで、言いづらいことを品よく伝えられるという効果があります。

例えば、その場にいない知人男性のことを友だちに説明するとき、仮にその男性が背の低い人だったとしましょう。

**He is short.**
（彼、背が低いの）

→ **He is rather short.**
（彼は背が低めね）

どちらが品のある言い方か、もうおわかりですよね？

## CAおもてなしコラム

### 部分否定でテキパキ指示!

CAが機内に着いてからお客様の搭乗準備を完了するまでが"バトル"です。それぞれの担当区分で準備をスピーディーに進めるために、全員が手分けして仕事をします。ただ、日本便になじみのない海外国籍のクルーと準備をすると、日本便特有のサービスや物品を知らないため、すべて一から説明することになります。温かい緑茶・冷たい烏龍茶をいつ出すか、おしぼりをどのように作るか、など、提供物自体をわかっていない欧米人クルーも中にはいます。彼らに上手に仕事を頼むには、

　We are not quite ready for Japanese in-flight service.
　(日本便の機内サービス品が、まだ全部準備できていないんです)

と協力してもらう必要があります。そうでないと、数十分の準備時間でお客様をお迎えできません。

こんな場面でも quite や rather を活用することで、指示が偉そうになることを避けられるのです。普段の会話でも試してみてくださいね。

## Scene 5-2

### それ、断言しても大丈夫？

どうしても「違います」「無理です」と伝えなくてはならないとき、言い方によっては相手の気分を害してしまう可能性も…。

この観光プラン、どう思う？

**This plan is very difficult.**
この計画じゃ無理だよ！ NG

なぜ言い切れるのよ！

オブラートに包むには…

## seemを使ってあいまいに

### 「※あくまで個人の見解です」?

否定を和らげる表現として、seem「～のようだ、～と見える」を使う方法もあります。

seemは〈話し手の推量を込めた判断〉を示す語。これを使うことで、「違う!」などという断定を避けることができるのです。

**This number seems wrong.**
(番号が違っているようですよ)

**That doesn't seem fair.**
(不公平な気がしますね)

どうですか? 言われる側の立場に立ってみると、相手の気遣いがよくわかりますよね。seemの活用、おすすめですよ。

### これで正しく伝わる! おもてなし英会話

# This plan seems very difficult.
この計画はとても難しそうだね。

> 1日でディズニーランドとスカイツリーと浅草と秋葉原と両国国技館、全部は無理か…。

> 使える!
> 応用表現

## 言いにくいことを遠回しに…

海外旅行で万が一パスポートをなくしてしまったとき、添乗員やガイドにどのように伝えますか? 事実だけを伝えるならI lost my passport.で十分なのですが、ここでもうひと工夫。

**It seems I lost my passport.**
It seemsをつけることで、〈困惑しながら〉伝えている印象になります。「なくした」ではなく「なくしたようだ」。ここから伝わる心の声はこんな感じです。「(あの…ちょっと言いにくいんですけど…実は…勘違いかもしれないんですけど…)パスポートをなくしたみたいです…」

## 人のことを断定しない!

相手のことについて話す場合、You are 〜と断定すると、「あなた〜ね」と決めつけている押しつけがましさが出てしまうことがあります。そんなときにもぜひ、It seemsを使ってみてください。

**It seems that you are a little tired.**
(ちょっとお疲れのようですね)

言いづらいことを弱めてくれる、こんな婉曲表現は、ネイティブの間で実は頻繁に使われているんです。

# CAおもてなしコラム

## CA流・忘れ物防止術！？

前のページで「パスポートをなくす」と言う例文が出てきましたが、みなさんは旅先でパスポートや財布を忘れた！なんて経験はないでしょうか？

CAは、フライト出発日にパスポートとID（身分証明書）を忘れては勤務できません。ですから、ステイ先各地でホテルに滞在する際は、絶対にそれらをなくさず、また、フライトに持って行くのを忘れない工夫をしているんです。

ある人は、ホテルのドアに〈忘れてはいけないものリスト〉を大きく貼りつけて、指差し確認していました。

また、同僚の一人は、ホテルの部屋のSafety Boxに大切に保管するあまり、肝心のフライトに忘れてくるという本末転倒な事態に…。

その後、彼女が編み出したのは、〈靴とIDを一緒にSafety Boxの中に入れる〉という荒業でした！！　部屋を出るときは絶対に靴を履くので忘れない、という理論です。

いやはや、すごいアイデアですよね…。

よろしければ、みなさんも旅先で試してみてください（笑）。

## Scene 5-3

## ソフトな催促、ひかえめな質問

> **Do you have new brochures?** NG
> 新しいパンフレットありますか?

### 「もしかして」ににじむ気遣い

自分が欲しがっているものを、相手が必ずしも持っているとは限りません。持っている前提でたずねることも、持っていないという引け目を相手に感じさせてしまうことも、考えてみればちょっと失礼ですよね。

そこで、happen to ～「たまたま～する」を組み合わせ、

**Do you happen to have ～?**

としてみます。すると、「もしかして～を持っていますか」となり、「持ってなくても全然問題ないですよ」という意味を含ませることができます。

### これで正しく伝わる! おもてなし英会話

> **Do you happen to have new brochures?** GOOD

> 使える!
> 応用表現

### 知らない場合もあるかも…

Do you happen to know 〜?という言い方もよく使われます。「もしかして〜をご存知ではないですか」という意味で、これはつまり〈ひかえめな質問〉とも言えます。

**Do you happen to know when he is coming?**
(彼がいつ来るか知っていたりしますか?)

**Do you happen to know where the bank is?**
(もしかして、銀行がどこにあるかご存知じゃないでしょうか?)

ストレートに Do you know 〜?と質問するのに比べると、かなり言い回しがソフトになります。
さりげないけれど、こうした気遣いはとても大切ですよね。

## Scene 5-4

## dieとpass awayの使い分け

> His father died last summer.
> 彼のお父さんは去年の夏に死んだんだ。 NG

### 「死ぬ」ではなく「亡くなる」

日本語に比べると英語にはストレートな表現が多いですが、人を傷つけないよう遠回しに言う気配り表現は多々あります。例えば、人が亡くなったとき「死にました」ではあまりにも無神経ですよね。英語で「死ぬ」はdieですが、pass awayが「亡くなる」にあたります。こういった婉曲表現は覚えておきたいですね。

### これで正しく伝わる！ おもてなし英会話

> His father passed away last summer.
> 彼のお父さんは去年の夏に亡くなりました。 GOOD

> I'm so sorry to hear that.
> お悔み申し上げます。

## CAおもてなしコラム

### キャリアに差がつく言葉選び！

言葉の選び方・モノは言いよう、ということで思い浮かぶのは履歴書、特に外資系企業に提出するCurriculum Vitaeです。

日本人が書く英語の履歴書は、最低限のことがとても謙虚に書かれたものです。言い換えれば、その人の魅力がまったく伝わらない、味気のない"履歴"書。それに比べて、海外の方は、1項目ずつ言葉が練られています。ちょっと知り合いの仕事を手伝ってお礼を言われただけでも、「○○プロジェクトに参画し、素晴らしいリーダーシップを発揮。類まれなる業績を残し、継続的な活動を強く望まれる」など堂々と言い切ります。ですから、海外の人の自己アピールは、かなり差し引いて読む必要があるのです。また反対に、日本人の履歴書は「もったいないな」と思うことがしばしば。当社で海外仕様に履歴書をアレンジするお手伝いもしているのですが、やはり普段から言葉選びのセンスは磨いておきたいですね。こうした日々の積み重ねが、面接や面談で生きてくるんです。

### COLUM 5

## 機内から眺(なが)める光のカーテン！

冬場のフライトでは、運がいいときは飛行機の窓からオーロラが見られます！

I happened to see the northern lights!
（たまたまオーロラを見ました！）

フライト前、キャプテン（操縦士）と「今日はオーロラ見えそうかなぁ？」などと雑談していると、それを覚えていて、後で機内のインターフォンで連絡してくれる、なんていうこともありました。ただ、日本からヨーロッパの路線だと、オーロラが現れるのはお客様たちが寝静まったようなタイミングではあるのですが…。

もしヨーロッパ方面への便に乗る機会があれば、「オーロラが見えそうだったら教えてほしい」と、乗務員に伝えてみてはいかがでしょうか。タイミングがよければ、壮大な景色に出会えるかもしれませんよ！

Scene6

身につけておきたい！

# 〜とっさの一言〜

### Scene6-1
"Yes, Yes" が多すぎる！　　　　113

### Scene6-2
命令文の落とし穴！　　　　117

### Scene6-3
時間の正しいたずね方　　　　121

### Scene6-4
「もう一度言って？」のタイミング　　　　125

### Scene6-5
天気の話題をマスターしよう！　　　　129

### Scene6-6
ウソつき呼ばわりしていませんか？　　　　133

### Scene6-7
具合の悪そうな人に何て声をかける？　　　　135

## Scene 6-1

### "Yes, Yes" が多すぎる！

相手の話を黙って聞いているだけでは申し訳ないから、とあいづちを打ってみたはいいけれど…。

When I was at college,

Yes.

I lived in Yokohama

Yes.

with my good friend

Yes.

who now works in Switzerland.

Yes. NG

人の話ホントに聞いてるのかな

**あいづちのタイミングがわからない！**

## あいづちは数より質で勝負!

### Yes 連発は誤解のもと!

一般的に、日本語の会話ではあいづちが多い、と言われます。相手が少し話したところで「はい」、またちょっと話すと「はい」という感じ。これと同じ調子で、英語でも"Yes, Yes"と頻繁に言ってしまうと、欧米の人の多くは、話の続きを急かされていると感じたり、話を聞き流されていると感じます。気配りのつもりが、思わぬ誤解を生んでしまうのですね。

### 目を見て、具体的な返事を!

では、Yesのかわりに何を言えばよいのでしょうか?
まず、相手の目をじっと見て、きちんと聞いていることを示します。そして言葉にするなら、Yesよりも、

**I see.** (なるほど)
**Oh, I didn't know.** (知らなかったよ)

などのほうが、受け答えが成立します。

### これで正しく伝わる! おもてなし英会話

I see. GOOD

When I was ...
I lived in ...

> 使える!
> 応用表現

## バリエーション豊富! あいづち表現

英語には、同意を示す場合のものだけでも、たいへん多くのあいづちがあるんです。ここではほんの一部をご紹介しますね。

**Exactly.**
(確かに)

**That's true.**
(その通りですね)

**That makes sense!**
(そういうことか!)

さらに、相手や自分の感情を表現すると、気の利いたあいづちになります。例えば、I won the lottery.「宝くじに当たったんだ」と言われたら…。

**You must be lucky!**
(ラッキーじゃない!)

相手のすべての発言の後にあいづちを入れる必要はありません。相手の目を見てきちんと聞いていれば、その気持ちは伝わります。誤解を招きそうなうなずきをしていないか、あいづちの仕方がワンパターンになっていないか、ということに少し意識を向けて、聞き上手を目指しましょう。

## CAおもてなしコラム

### Yes, Yes でトラブル発生！？

日本人にとってのあいづちは「あなたの話を聞いていますよ」という意味にすぎないのですが、相手が欧米人だとそうはいきません。話の内容に〈同意している〉と思われるのです。これが思わぬトラブルのもとに…。

例えば、機内で欧米人のお客様からこんなご意見をいただいたとしましょう。

> The meal did not fill me up. Other airlines offer passengers a second meal upon request. Your company should do the same.
>
> （まだお腹が空いているのですが。ほかの航空会社では機内食のお代わりに対応してくれますよ。この会社でも対応すべきですよ）

このお話をCAがうっかりYes, Yesとうなずきながら聞いてしまうと、お客様は自分の意見が同意を得た、通ったと解釈します。それなのに、CAからの返事は「そのような対応はいたしかねます」…。これでは、「さっきYesと言ったのは何だったんだ！」といらぬ反感を生んでしまいます。

英語のYesは同意のYes。相手の言うことが正しいと思ったときにだけ、Yesを使うように気を付けましょう。

## Scene 6-2

## 命令文の落とし穴!

大切なゲストを迎える日。「どうぞ、そちらにお掛けください」のつもりで言ったこの言葉が、お客様を怒らせてしまったようで…。

**Please sit down.** NG

ペットじゃあるまいし!

丁寧に言ったつもりなのに…

## Please sit down.=「お座り」!?

### please は丁寧語ではない!

言葉の初めにpleaseをつければどんな文章も丁寧になるというわけではありません。例えば、Please sit down.やPlease wait.などは、「お座り」「待て」という命令や指図に近いニュアンスになってしまいます。ちょうど、先生が子どもに、または、飼い主がペットに言っているのと同じ調子に聞こえてしまうのです。

Please sit down.ではなく、

**Please have a seat.**
(どうぞお座りください)

Please wait.ではなく、

**One moment, please.**
(少々お待ちください)

などのように、ちょっとしたアレンジが必要です。

### これで正しく伝わる! おもてなし英会話

**Please have a seat.** GOOD

> Oh, thank you!

> 使える！応用表現

## Could you 〜? と please の合わせ技

依頼するときの丁寧な表現といえば、Could you 〜? ですね。

**Could you wait for a moment?**
(少しお待ちいただけますか)

**Could you take off your shoes here?**
(こちらで靴を脱いでいただけますか)

日本語でも同じですが、「〜してください」と言うより、「〜していただけますか？」と疑問形にするだけで、とても丁寧な依頼になりますよね。

ここでようやく please の出番です。文の途中や文末に付け加えると、よりいっそう丁寧な言い方になります。

**Could you open the window, please?**
(窓を開けていただけますでしょうか)

**Could you please let me know the schedule?**
(スケジュールをお知らせいただけますでしょうか)

## CAおもてなしコラム

### 機内で飛び交う Could you 〜?

機内では、さまざまな場面でお客様にご理解・ご協力をお願いすることが多々あります。例えば、

　Could you fill out this form?
　（こちらの用紙にご記入をお願いできますか）
　Could you put your bags in the overhead bins?
　（お荷物は、頭上の荷物入れにお入れいただけますか）

など。

相手に依頼したり協力を求めたりする場合、接客の現場では Could you 〜? が頻発します。Could you 〜? とこちらが言ったら、相手は、何か頼まれるのだな、と即座に理解してくれます。Please 〜より先に Could you 〜? が口をついて出てくると、気持ちの伝わる対応になりますよ。

## Scene 6-3

### 時間の正しいたずね方

英語での時間の聞き方、みなさん子どものころに習いましたよね？ このフレーズさえ覚えておけば、時計を忘れても問題ない…はずですが…。

## What time is it now?
**NG**

え、また答えるの?

### 答えてもらえないのはなぜ?

## 「しつこく聞かないで!」と思われる!

### 現在時刻を聞いてるつもりが…

時間をたずねる耳慣れた表現ですが、どちらかといえば現在時刻ではなく〈時間の経過〉に重点が置かれてしまいます。「何分たった?」に近く、「(さっきも聞いたけど)今は何時ですか?」というニュアンスになります。

### Do you have 〜? を使って解決!

**Do you have the time?**

これだと「the timeを持っていますか?」、つまり、「時間がわかりますか?」という丁寧な質問になります。

**Could you tell me the time?**
(時間を教えていただけますか?)

という言い方でもO.K.です。

### これで正しく伝わる! おもてなし英会話

**Do you have the time?** GOOD

Sure. It's ten to five.

> 使える！
> 応用表現

## 時差を乗りこなす達人フレーズ

海外にいる人と国際電話やスカイプなどをしていて、「そちらは今何時ですか？」と言いたいときは、What time 〜?を少しアレンジして使います。

**What time is it over there?**

時差についての表現もいろいろあります。「(時間が) 遅い」はbehind、「(時間が) 進んでいる」はaheadを使います。

**N.Y. is thirteen hours behind Japan.**
（ニューヨークは日本より13時間遅いです）

**Japan is thirteen hours ahead of N.Y.**
（日本はニューヨークより13時間進んでいます）

また、海外とメールのやりとりで時間の約束などをする際は、「local time（＝現地時間）」がどちらの国を指すのか、誤解を避けるためにこんなふうに明記することをおすすめします。

**Please reply to me by 5 p.m. Japan time.**
（日本時間の午後5時までにご返信ください）

## CAおもてなしコラム

### いつまでも年を越せない！？

CAは、土日祝日の区別なく、ゴールデンウィークも年末年始もフライトスケジュールが入れば乗務します。以前、年越しフライト（12月31日から1月1日の日付が変わる便）に乗務したときのこと。スイスから日本に帰国する便で、カウントダウンしながらお客様も乗務員もみんなで新年を迎える瞬間をお祝いしようという話になりました。問題は、どの国の新年の瞬間にあわせるのか…。まず、最初に新年がくるのは日本時間。シャンパンやジュースをお配りして、機長のカウントダウンで乾杯！　まったく初対面の、普段の便だったら話すことがないお客様同士も盛り上がって楽しそうに談笑しています。

しばらくして、今度はスイス時間での乾杯！　これは主にスイスのお客様が盛り上がっていました。日本のお客様も「あ、そうかそうか…」ともう一回シャンパンを手にとっておられました。このあたりでやめればよかったのですが、几帳面なスイス人。日本・スイス以外の国籍の人のために、世界標準時刻でもお祝いしようということになり、もう一度カウントダウン…。

思い出には残りましたが、お客様は12時間近い長いフライトで、何度も起こされるカウントダウンパーティーに若干苦笑…。眠そうに、ハッピーニューイヤーをおっしゃっていたのが印象的でした（笑）。

## Scene 6-4

### 「もう一度言って?」のタイミング

慣れない英語での会話。わからない単語がいっぱいあるけど、相手は楽しそうに話してるし、とりあえず最後まで聞いた方がいいかな…。

**Then, what do you think about it?**
で、どう思います?

**I don't know.**
わかりません。

NG

え?
聞いてなかったの!?

いつ聞き返せばいいの?

## 聞き返すときは遠慮なく!

### 小さな疑問はそのつど解決!

日本人の英会話の特徴の1つに、わからなくても聞き流す、会話がずいぶん進んでから、「すみません、わからないのでもう一度言ってください」と言う、といった傾向があります。これでは相手も「え? そんなに前からもう一度説明しないといけないの?」と驚いてしまいます。

これはもちろん悪気があってのことではなく、聞き返すこと、相手の話を「わからない」と中断することが失礼だ、という奥ゆかしい日本的な配慮からなのですが、欧米の人とお話しするときには、わからないことはすぐにその時点で聞き返す方が、実は好感度が高いんですよ。

**Excuse me?**
**Sorry?**

どちらも「すみません?」「え? もう一度お願いします」という意味です。語尾を上げて聞き返します。こうした短いフレーズを、英会話に活用してみてください。

### これで正しく伝わる! おもてなし英会話

**Excuse me?** GOOD

Oh, I mean ...

> 使える!
> 応用表現

## 聞き返すのは興味がある証拠!

わからない単語が出てきたら、その単語が聞こえたように繰り返してみて、

**What does 〜 mean?**
(〜ってどういう意味ですか?)

とたずねてみるのが確実です。
また、話すスピードが速すぎてついていけないときは、

**Could you speak more slowly?**
(もう少しゆっくり話していただけますか?)

聞き逃したときは、

**I didn't catch that.**
(聞き取れませんでした)

**Could you say that again? [Could you repeat that?]**
(もう一度おっしゃってもらえますか?)

など、恥ずかしがらずに伝える習慣を身につけた方が早く仲良くなれます。
聞き返すことは、相手や相手の話に対する興味だと、好意的に理解してもらえます。確かに、相手の話に興味がないときは、日本語でだってあまり反応がありませんよね。

# CAおもてなしコラム

## 好印象はスピード勝負！？

沈黙に耐えられる日本人と違って、欧米人は沈黙を"居心地の悪さ"ととらえることが多く、相手の言葉がわからなければすぐに Could you say that again? と、沈黙せず言うわけです。

では、日本人と欧米人の会話を想像してください。日本人は、相手の話が終わっても、聞いた英語を頭の中で日本語に訳したり、次に何と返事しようかと考えたりして、しばらくの間つい黙ってしまいがちなんですね。すると欧米人は、沈黙している日本人を見て、「気を悪くしたのか？」「この提案には反対なのか？」と気をもみ、さらに説明を補足します。それに対し、また日本人が沈黙 → 欧米人が話す…と、結局、話の大半を欧米人がしゃべっていることがよくあります。

沈黙は、交渉などでは戦略として使えますが、そうでない場合は気をつけないと、誤解を生む原因となってしまいます。これは、沈黙せず何でも即答するべき！と言っているわけではありません。相手の言葉が終わったら、I see. / Well …. / How shall I put it? (どう言えばよいでしょう) など何らかの言葉をまず早めに発すること、「今から話すことを考えているところです」とアピールすることが大事だということです。ぜひ、一言目を早く伝える、というコツを意識してみてください。

## Scene 6-5

# 天気の話題をマスターしよう！

天気や気候の話題は、英会話でも雑談（small talk）の定番。会話のきっかけ（conversation starter）にぴったりですが…。

**It's a nice day.**

**Yeah, it's perfect.**

**・・・・・・・・・.**

えっ、終わり？

➡ **天気の話題で話をふくらませたい！**

## ご当地情報を駆使すべし!

### 国が変われば気候も変わる

日本に来られる海外の人には、住んでいる人にしかわからない情報を伝えると、興味を持ってもらえます。

**Today is very hot day for September.**
(今日は、9月にしてはとても暑いです)

**Today is the hottest day in 50 years.**
(今日は、50年に1度の暑さです)

反対に、相手の国のことを聞くのもよいですね。

**What's the weather like in your country?**
(そちらは、どんなお天気ですか?)

**Do people wear thick coats at this time of year in your country?**
(この時期、そちらは、分厚いコートを着るころでしょうか?)

---

### これで正しく伝わる! おもてなし英会話

**Today is the hottest day in 50 years.** GOOD

> It's like an oven in here.
> オーブンの中みたいだわ。

> 使える！
> 応用表現

## おさえておきたい日本の気候

■日本の夏は…

**It's hot and humid in summer in Japan.**
(日本の夏は、湿度が高くて暑いです)

**Traditional Kyoto houses are designed to incorporate fresh air and breezes for natural cooling.**
(京都の伝統的な家には、夏を涼しく過ごすために、新鮮な風を通す工夫があります)

■京都の冬は…

**It's freezing cold in February in Kyoto.**
(2月の京都は、凍えるくらい寒いです)

It's ～ing. などを使うと、「～になってきました」という意味になります。日本ならではの四季の移ろいを、こんなふうに説明できるようになれたらいいですね。

**It's clearing up.**
(晴れてきましたね)

**It's getting chilly outside.**
(外は肌寒くなってきました)

**The weather is getting a little more bearable.**
(過ごしやすい気候になってきたね)

## CAおもてなしコラム

### 温度設定も楽じゃない！

みなさんは、欧米人と日本人では体温が違うのをご存知でしょうか？ 欧米人は日本人より平熱が高いので、機内でも半袖で過ごしている人が少なくありません。反対に、「寒い寒い…毛布をもう1枚」と言うのは日本人のお客様。どちらに客室の温度をあわせるのかは、いつも悩みます。この快適な温度の違いはもちろんお客様だけに限ったことではありません。長距離便の機内には、CAが仮眠をとる部屋があるのですが、「19度くらいにしないとベッドで寝られない」という欧米人CAと、25度くらいを望む日本人CAの攻防が日々繰り返されます。一度、日本人CAが暗い休憩室の温度を、こっそり各々2度くらいずつ上げ、気付いたら30度くらいになってしまっていて、欧米人CAに激怒されたこともありました…。というわけで、防寒のために"MY湯たんぽ"を持ちこむ日本人CAもわりといるんですよ。

## Scene 6-6

## ウソつき呼ばわりしていませんか?

I saw Mr. Tanaka yesterday.

Really? ↗
**NG**

### 語尾の上げ下げに注意!

語尾を上げて Really? ↗ と連呼すると、「ウソに聞こえるの?」と思われかねません。「まあ、ホント?」というあいづちのときは Really? ↘ の方がベターです。

### これで正しく伝わる! おもてなし英会話

Really? ↘ **GOOD**

Yes!

> 使える!
> 応用表現

## あいづちは、主語と動詞をつかまえろ!

Really?のほかにも、「そうなんですか?」と軽く聞き返すあいづちをご紹介します。相手の言った文の主語と述語を使う方法です。

**My daughter is also a cabin crew at your airline.**
**— Oh, is she?**
(私の娘もあなたの路線の搭乗員なんですよ。
— あら、そうなんですか)

**I saw the Royal family by chance.**
**— Did you?**
(偶然、王室の人たちを見たんだ。
— 本当ですか?)

**He always comes to the office very early.**
**— Does he?**
(彼、いつもすごく早い時間に出社するんです。
— そうなの?)

こんなふうに、相手の会話に出てきた〈主語〉と〈動詞〉の組み合わせに気をつけて、is she / was he / do you / does she / did you / did theyのように言うだけで、かなりバリエーション豊かにあいづちが打てますよ。

## Scene 6-7

## 具合の悪そうな人に何て声をかける?

**Are you O.K.?**
大丈夫ですか?
NG

### 相手の状況をよく観察!

Are you O.K.?と聞かれたら、よほど重症でない限り多くの人が(想像や希望で)「大丈夫です」と返事してしまうものです。また、本人に自覚がない場合、あっさりI'm O.K.と言われることも。これでは声をかける意味がありませんし、せっかくの気配りもあまり役に立ちません。

こういう場合、ただおおざっぱに「大丈夫?」とだけ聞くのではなく、相手の状況をよく観察しながら、具体的に声をかけるのがポイントです。

### これで正しく伝わる! おもてなし英会話

**Is it a little cold in this room?**
GOOD

> 使える!
> 応用表現

## 機内での体調チェックテクニック

CAは具体的に、機内でお客様の体調にどのように気を配っているのでしょうか。いろいろと工夫された会話術が、そこにはあるのです。

■早朝便で空港に着くまでにすでに疲れているかもしれないお客様に

**Did you wake up very early for this flight?**
(この便のためにかなり早起きされたんですか?)

■食事をほとんど取らないお客様に

**Did you eat anything before this flight?**
(搭乗前に何か召し上がってこられたんですか?)

■コネクションフライトで乗り継いできたお客様に

**It seems like it's been a long day for you.**
**How long have you been awake?**
(長い一日ですね。どれくらい起きていることになるんですか?)

こう質問されると、本人も睡眠不足、食欲不振、移動による疲れなど、具体的に話をしやすいので、「体調? 別に大丈夫です」と会話が終わりにくくなりますし、その後の、もしものときのための貴重な情報を集めつつ、相手に気遣っていることも伝わります。

## CAおもてなしコラム

### フライト、おかわり！？

Do you feel all right? You must be tired.（大丈夫ですか？ お疲れでしょう）などと相手を気遣うつもりでかけた言葉が、「年寄り扱いしないで！」とかえって相手の気を悪くさせてしまうこともあります。

年配の方なら、このフライトの後に、もう一便乗って行けそうなくらいにお元気ですね、という意味で、

　You look you're ready for another flight.
　（もう一便乗って行けそうなくらいお元気そうに見えますね）
くらいの声のかけ方が喜ばれます。

### COLUM 6

## 感謝と笑顔でめざせ、接客名人！

聞き上手な人というのは、うまくあいづちを打ってくれたり、大げさじゃないかと思えるくらい喜怒哀楽を十二分に表現しながらこちらの話に反応してくれるものです。

海外の人は、ちょっとしたことでも満面の笑み。それに対し、照れ笑いで、どうもどうもと会釈する日本人…。

一般に、海外の人と比べて日本人は表情が乏しいとよく言われます。しかし、あいづちの言葉をアレンジすると同時に、表情にも気を配るだけで大きく印象が変わるのです！　ですからぜひ、言葉プラス〈表情〉を意識してみていただきたいですね。

海外のお客様は、ほんのちょっとした接客対応でも、きちんと目を見て本当に嬉しそうに Thank you. を言ってくれます。きちんと目を見る、それも黒目を凝視するように、じっと相手の目を見る強い視線は、欧米では相手に対する興味や信頼・自分の仕事に対する自信などの現れで、伝統的に良いものとされています。「あ、外国の人だ…」と目をそらしたり、話すときに目が泳ぐと、「嫌われてるのかな？」「仕事があまりわかっていないのかな？」などと誤解されてしまいますので、注意しましょう。

# Section 2

## 日本へようこそ!
# おもてなし実践トピック

> こんな場面を想定した、
> 実践的なフレーズが
> 登場します。

- ■日本料理を紹介する
- ■味や食材を英語で伝える
- ■観光客に道案内をする
- ■おすすめスポット・定番スポットを案内する

## Topic1
日本料理でおもてなし　　　　　　　　143

## Topic2
道案内にチャレンジ　　　　　　　　162

| 1 | 日本料理は「謎だらけ」！？ | 143 |
| 2 | 意外と知らない、あの食材の英語名 | 148 |
| LET'S TRY! | これを英語で何と言う？ | 154 |
| 3 | やっぱりオススメ！ 日本のSUSHI | 155 |
| 4 | わからなくてもコミュニケーション！ | 158 |

Topic 1

# 日本料理でおもてなし

> 海外からのお客様が楽しみにしていることといったら、なんといっても美味しい日本料理！ ゲストを食事でもてなすとき、日本料理について英語で説明できると、さらに食事を楽しんでいただけるはず。そんなときのお役立ちフレーズの数々を見ていきましょう！

## 1 日本料理は「謎だらけ」！?

> ゲストのみなさんは、食べたこともない料理、見たこともない食材に興味津々。まずはどんな料理なのかをカンタン解説！

### STEP1 使われている食材を伝えましょう。

料理に使われている食材は、be made of ～（～からできている）で説明できます。

**This is made of meat and potatoes.**
（こちらはお肉とじゃがいもで作られています）

肉じゃがならこんなふうに説明できますね。

143

なお、パッと見ただけでは食材がわかりにくいものの場合は、be made from ～を使います。

**Although it might look like meat or fish, in fact, it's made completely from beans.**
(これは肉や魚に見えるかもしれませんが、実はすべて豆から作られているんですよ)

精進料理などの場合、こんな表現が便利です。

### STEP2 調理方法を伝えましょう。

| 火を通す調理方法 | |
|---|---|
| (さっと)炒める | stir-fry |
| (オーブンで強く)焼く | roast |
| (焼き網で)焼く | grill |
| (パン・菓子などを)焼く | bake |
| 蒸す・ふかす | steam |
| ぐつぐつ煮る | boil |
| ことこと煮る | stew / simmer |
| 揚げる | fry / deep-fry |

## その他の調理方法

| | |
|---|---|
| 漬ける | pickle |
| 絞る | squeeze |
| すりおろす | grate |
| すりつぶす | mash |
| かき回す | stir |
| (かき)混ぜる | mix |
| (塩・胡椒を)ふる | sprinkle |
| (材料を)加える | add |

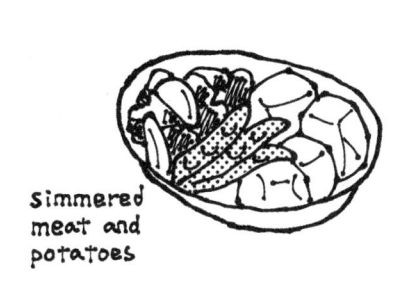

simmered meat and potatoes

STEP 3 味を伝えてみましょう。

| | |
|---|---|
| 甘い | sweet |
| 塩辛い | salty |
| 酸っぱい | sour |
| 苦い | bitter |
| 辛い | spicy / hot |
| あっさりした | light |
| こってりした | rich / heavy |
| 味が濃い | thick |

boiled and seasoned rape blossoms

**It tastes a little bitter.**
少し苦みがあります。

最近は、umami「うま味」という日本語も世界で通じるようになってきています。日本料理が世界に広く知られているのは嬉しいことですね。

## STEP 4 プラスαの一言。

おすすめする理由を一言添えると、相手に喜んでもらおうとする気持ちが伝わります！

**It is nutritious.**
栄養満点です。

**It is Japanese soul food.**
日本の家庭料理です。

**It is my favorite menu.**
私の大好きなメニューです。

**This menu is only available during this season.**
この時期だけの旬の献立です。

**It is the specialty of this restaurant.**
この店の名物です。

**It is the specialty of this region.**
この地域の特産です。

## 2 意外と知らない、あの食材の英語名

和食ブームのおかげで、最近では海外でもずいぶんと日本の食材がメジャーになってきました。和名をそのまま言って通じるものも増えてきています。

### STEP1 日本での呼び名と英語名が同じ食材。

| | |
|---|---|
| アスパラガス | asparagus |
| カリフラワー | cauliflower |
| キャベツ | cabbage |
| セロリ | celery |
| トマト | tomato |
| パセリ | parsley |
| ブロッコリー | broccoli |
| レタス | lettuce |

**STEP 2** 日本でも英語名がおなじみの食材。

| | |
|---|---|
| かぼちゃ | pumpkin |
| きのこ | mushroom |
| きゅうり | cucumber |
| 米 | rice |
| さつまいも | sweet potato |
| じゃがいも | potato |
| たまねぎ | onion |
| にんじん | carrot |

mushroom

white mushroom

## STEP 3 日本食に欠かせない食材。

| 野菜類 (vegetables) ||
| --- | --- |
| かぶ | turnip |
| ごぼう | burdock (root) |
| ししとう | sweet green pepper |
| 春菊 | (garland) chrysanthemum |
| 茄子 | eggplant / aubergine |
| 大根 | (Japanese) radish |
| たけのこ | bamboo shoot |
| とうがん | white gourd |
| にら | garlic chive |
| 白菜 | Chinese cabbage |
| 水菜 | potherb mustard |
| 三つ葉 | Japanese honewort |
| みょうが | Japanese ginger |
| らっきょう | shallot |
| レンコン | lotus root |

## 豆類 (beans)

| | |
|---|---|
| 小豆 | red bean |
| いんげん豆 | kidney bean |
| 枝豆 | green soybean |
| えんどう豆 | pea |
| 黒豆 | black soybean |
| さやえんどう | field pea |
| 空豆 | broad bean |
| 大豆 | soybean |

## 山菜 (wild vegetables)

| | |
|---|---|
| ぜんまい | flowering fern |
| たらの芽 | fatsia sprouts |
| つくし | horsetail |
| ふきのとう | butterbur sprout |
| よもぎ | Japanese mugwort |
| わらび | bracken |

STEP 4 調味料・薬味などの名前。

## 調味料 (seasoning)

| 砂糖 | sugar |
| しお | salt |
| 酢 | vinegar |
| しょうゆ | soy sauce |
| みそ | miso / soybean paste |

## 薬味 (condiment)

| すだち | citrus Sudachi |
| ゆず | citron |
| 唐辛子 | chili / red pepper |
| 生姜 | ginger |
| 山椒 | Japanese pepper |
| ネギ | spring onion |
| わさび | horseradish |

## STEP 5 肉・魚などの名前。

| 肉・魚 (meat / fish) ||
|---|---|
| 豚肉 | pork |
| 牛肉 | beef |
| 鶏肉 | chicken |
| 馬肉 | horsemeat |
| 鮭 | salmon |
| ブリ | yellowtail |
| サンマ | saury |

国や地域で食文化は異なるもの。また、イスラム教では豚肉、ヒンドゥー教では牛肉を食べることが禁じられているなど、宗教による食のタブーもさまざま。海外からのゲストをもてなす際は、事前に確認しておくと安心ですね。最近は海外でも日本の精進料理が人気ですから、特にベジタリアンの方に紹介すると喜んでもらえます！

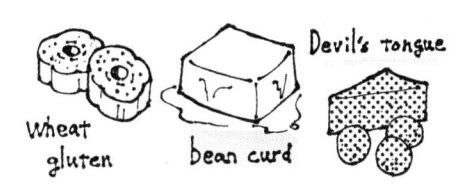

wheat gluten

bean curd

Devil's tongue

**LET'S TRY!**

### これを英語で何と言う?

これまで見てきた食材と調理法を使って、日本ならではの「あの料理」の英語名を推理してみましょう!

**Q1** 湯豆腐

**Q2** 焼きおにぎり

**Q3** トンカツ

**Q4** 鮭の塩焼き

> **ヒント**
> 「**ゆで卵**」は「ゆでられた卵」ということなので、boil (ゆでる) と egg (卵) の2語を使って、**boiled egg** と言います。

(答えは159ページ)

## 3 やっぱりオススメ！ 日本のSUSHI

これを食べるために日本に来た！という方もいるほど、日本の寿司は世界中で大人気。好きなネタ、旬のネタ、ぜひゲストに英語で紹介してみてください！

### STEP1 白身・赤身・青魚の名前。

| 白身魚 (white fish) ||
| --- | --- |
| 穴子 | conger eel |
| カンパチ | greater amberjack |
| 鯛 | sea bream |
| ヒラメ | flatfish |
| 赤身魚 (red fish) ||
| マグロ | tuna |
| カツオ | bonito |
| 青魚 (blue-skinned fish) ||
| アジ | horse mackerel |
| サバ | mackerel |
| イワシ | sardine |

## STEP2 貝類・魚卵の名前。

| 貝類 (shellfish) ||
|---|---|
| アワビ | abalone |
| ほたて | scallop |
| ハマグリ | clam |
| 赤貝 | ark shell |
| カキ | oyster |
| サザエ | turban shell |
| 魚卵 (roe) ||
| ウニ | sea urchin |
| かずのこ | herring roe |
| イクラ | salmon roe |

### STEP 3 その他の名前や表現。

| | |
|---|---|
| 甘エビ | (pink) shrimp |
| 車エビ | prawn |
| タコ | octopus |
| イカ | squid |
| カニミソ | crab paste |
| 時価 | market price |

タコは、旧約聖書の中で食べるのを禁じられています。そのため、欧米ではあまり好かれている食べ物ではないということも、知識として知っておくとよいでしょう。

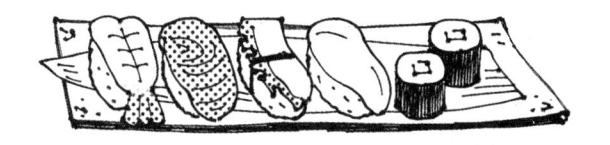

## 4 わからなくてもコミュニケーション!

調理法や食材の名前など、さまざまな表現を見てきましたが、すべてを正確に覚えていなくても大丈夫! 自分の知っている範囲の言葉で説明し、相手にも一緒に想像してもらいながら会話を楽しんでみましょう。

> **What is it made from?**
> このお料理の材料は何ですか?

正確な英語名が思い出せないときは、形や色で伝える工夫をしてみましょう。

> **It's purple oval-shaped vegetable.**
> 紫色で、楕円形の野菜です。

> **Oh, I see. It's an eggplant!**

### 154ページの答え

**Q1**：湯豆腐…boiled tofu / boiled bean curd
**Q2**：焼きおにぎり…grilled rice ball
**Q3**：トンカツ…deep-fried pork / pork cutlet
**Q4**：鮭の塩焼き…salted grilled salmon

## COLUM 7

### ハズレなし！　和の心満載のプチプレゼント

海外のお客様へ、ちょっとした手土産や贈り物をする機会は何かと多いもの。みなさんはどんなものを選びますか？
私の場合、相手との関連があまりないものや、選んだ理由の説明できない〈とりあえずのプレゼント〉は選ばないようにしています。以前、相手との会話で話題に出たもの、最近こんな理由で気に入っている、など相手を思い浮かべて、ピンとくるものだけ贈るようにしています。
「海外の人はどんな日本土産を喜んでくれるの？」という質問を受けることがよくありますので、少し例を…。
高級な日本の電化製品はもちろん人気ですが、それはさておき、良心的なお値段のものを記載します（笑）。

### 食べられる茶碗：「七條甘春堂 本店」

抹茶や煎茶を入れた後、食べることができる、砂糖でできたカップです。もちろんコーヒーや紅茶をいれてもOK。

### 食べる金箔：「よーじや」

あぶらとり紙で有名な「よーじや」の金箔です。サラダや飲み物に振りかければ、一瞬で豪華な特別の日仕様に。

## ブレンドした日本茶葉：「福寿園」

相手の好みや生活スタイルを相談しながら、専門スタッフと一緒に日本茶の茶葉をブレンドできます。桐の箱に入れることも可能。

## 胡粉ネイル：「上羽絵惣」

ホタテ貝から作られた、天然素材で刺激臭もない体に優しいマニキュア。元は日本画用絵具専門のお店。

## 風呂敷：「株式会社永樂屋」

オリジナルのラッピングまで提案されています。風呂敷だけを贈るというより、〈包み方の例〉まで見せて驚いてもらえる一品ですね。

## 五本指ソックス

海外でもわりと知られています！ 健康志向の方に。または、面白いデザインのソックスをユーモアで贈るのもおすすめ。

## 千社札

最近では、舞妓さんが自分の名前を入れて名刺代わりに使うことも。漢字で海外の人の名前を入れておくと喜ばれます。

1 Directions（方向案内） —— 164
2 Transportation（交通手段） —— 167
LET'S TRY! 金閣寺まで行けるかな？ —— 168
3 自分から話しかけてみる —— 170
4 自分のおすすめスポットを紹介する —— 171
5 おさえておこう、定番スポット —— 173
LET'S TRY! 英語で京都の名所紹介 —— 174

Topic 2

# 道案内にチャレンジ

世界中から多くの観光客が訪れる日本。街角で呼び止められ、外国語で道を聞かれる、なんていう場面も珍しくなくなりました。人気の高い観光地・京都を例にとって、英語でのいろいろな道案内の仕方をチェックしておきましょう。

こんなことを聞かれたら…。

**Where is Shijo-ohashi?**
四条大橋はどこですか?

**We want to go to Uji.**
宇治に行きたいんです。

**How can I get to Kinkakuji?**
金閣寺へはどう行けばいいですか?

**Can you tell me the way to Kyoto Imperial Palace?**
京都御所への行き方を教えてもらえますか?

うまく説明できますか?

163

# 1 Directions (方向案内)

> まずは、歩いて行ける程度の近い距離の道案内に
> チャレンジしてみましょう。

### STEP1 大まかに方向を説明しましょう。

〈まっすぐ〉なのか、〈どこかで道を曲がる〉のか程度で構いません。おおよその行き方を最初に示してあげると、相手に目的地の位置をイメージしてもらいやすいですよ。
go straight（まっすぐ行く）や turn right[left] at ～（～で右[左]に曲がる）などの表現をよく使います。

### Turn right at the first street.
最初の道路で右に曲がってください。

### Turn left at the second intersection.
2つめの交差点で左に曲がってください。

### Go straight and turn right at the third traffic light.
まっすぐ行って、3つめの信号で右に曲がってください。

方向や目印になるものを示すとき、こんな単語がすぐ出てくると便利ですね。

| 交差点 | intersection |
|---|---|
| 信号 | traffic signal / traffic light |
| 横断歩道 | crosswalk |
| 道路 | road / street |
| 踏切 | railroad crossing |
| 東 | east |
| 西 | west |
| 南 | south |
| 北 | north |

### STEP2 必要に応じて細かく説明しましょう。

だいたいの行き方を伝えてから、〈〜の隣です〉や〈〜階にあります〉と詳しい場所の説明を付け加えると親切です。

**The hotel is at the end of the street.**
ホテルは道のつきあたりにあります。

**The Japanese restaurant is on your right.**
その料亭はあなたの右側にあります。

**ATMs are in the 1st basement.**
ATMは、地下1階にあります。

**The shop is on the 2nd floor.**
そのお店は2階にあります。

**The bank is next to a convenience store.**
銀行はコンビニの隣にあります。

**The theater is in front of the station.**
劇場は駅の正面にあります。

## 2 Transportation（交通手段）

> 徒歩ではちょっと遠い場所へ、乗り物に乗って行く場合の道案内です。交通機関を活用して、広い範囲で観光を楽しんでいただきたいですね。

### STEP1 何に乗ればいいかを伝えましょう。

乗り物に〈乗る〉〈降りる〉は、takeとget offさえおさえておけばバッチリですよ！

| ～に乗る | take＋乗り物 |
| --- | --- |
| ～を降りる | get off＋乗り物 |

### STEP2 乗り換えや、降りる場所を伝えましょう。

| ～に乗り換える | transfer to ～ |
| --- | --- |
| ～（駅）で | at ～ |

> LET'S TRY!

## 金閣寺まで行けるかな？

下の図を参考にしながら、実際に金閣寺までの行き方を説明してみましょう。スタート地点は京都駅です！

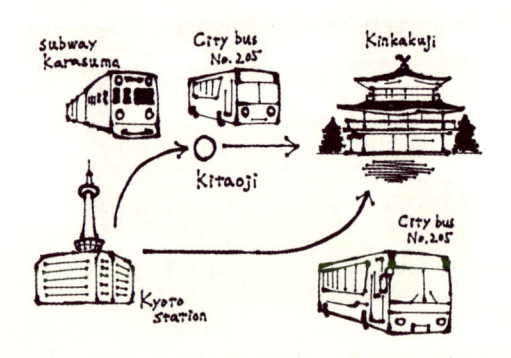

### Q1 バスで直行する場合

① **(　　　) the number 205 City bus.**
205号系統の市バスに**乗って**ください。

② **Get (　　　) the bus at Kinkakuji-michi.**
金閣寺道でバスを**降りて**ください。

## Q2 地下鉄とバスを乗り継ぐ場合①

① Take the (　　) Karasuma line and get off the train at Kitaoji.
地下鉄の烏丸線に乗って、北大路で降りてください。

② Take the number 205 City bus and (　　) off the bus at Kinkakuji-michi.
205号系統の市バスに乗って、金閣寺道でバスを**降り**てください。

## Q3 地下鉄とバスを乗り継ぐ場合②

① Take the Subway Karasuma line and (　　) to the number 205 City bus at Kitaoji.
地下鉄の烏丸線に乗って、北大路で205系統の市バスに**乗り換えて**ください。

② Get off the bus (　　) Kinkakuji-michi.
金閣寺道でバスを降りてください。

（答えは181ページ）

## 3 自分から話しかけてみる

> 声をかけられるのを待っている必要はありません！
> 自分からどんどん積極的にコミュニケーションをとっていく姿勢も大切です。

海外からの観光客らしき人が、地図を片手に何か探している様子であれば…。

**Hello. Can I help you?**
こんにちは。何かお困りですか？

また、道に迷っているときでなくても、地元の人に声をかけられるのは、旅行客にとっては嬉しいものです。

**Where are you going?**
どちらに行かれるんですか？

**We're going to Arashiyama.**
嵐山です。

## 4　自分のおすすめスポットを紹介する

行き先が決まっている人に対しても、目的地付近のおすすめスポットをさりげなく伝えることで、もてなそうとする気持ちが伝わるものです。

> **I recommend Ryoanji, too.**
> 龍安寺もおすすめですよ。

> **Path of Bamboo is a beautiful place.**
> 竹林の小径は美しい場所ですよ。

beautifulのほかにも、traditional（伝統的な）やrelaxing（落ち着く）など、いろいろな表現でお気に入りの場所を説明できます。

> **Daikakuji is a nice place in this season.**
> 大覚寺はこの季節とてもいいですよ。

日本ならではの四季の変化も、ぜひ楽しんでいただきたいですよね。

> **Local people like that place.**
> 地元の人はそこが好きですね。

ガイドブックには載っていない隠れた名所！
これは喜ばれますね！

> **Please give it a try!**
> ぜひ試してみてください！

行ってみようかしら

# 5　おさえておこう、定番スポット

観光地の道案内でよく出てくる名詞。日本ならではのものからお役立ちスポットまで、いざというときにド忘れしないよう、念のためチェックしておきましょう。

| | |
|---|---|
| 城 | castle |
| 神社 | shrine |
| 寺 | temple |
| 旅館 | Japanese inn |
| 銀行 | bank |
| 交番 | police box |
| 病院 | hospital |
| 郵便局 | post office |
| 近くに | near |
| ここに（で） | here |
| どこに（で） | where |

> LET'S TRY!

## 英語で京都の名所紹介

> 「自分のおすすめスポットを紹介する」(p.171) でも取り上げましたが、"おすすめ"を伝える表現はほかにもたくさんあります。あなたはいくつ知っていますか?

- ☐ **Have you been to 〜?**
  〜に行ったことはありますか?

- ☐ **I recommend going to 〜.**
  〜に行くことをおすすめします。

- ☐ **〜 is a must-see ....**
  〜は必見の…です。

- ☐ **〜 is worth seeing.**
  〜は一見の価値があります。

- ☐ **You must go to 〜.**
  〜にはぜひ行くべきです。

- ☐ **I suggest you go to 〜.**
  〜に行くことを提案します。

- ☐ **Why don't you go to 〜?**
  〜に行くのはどうですか?

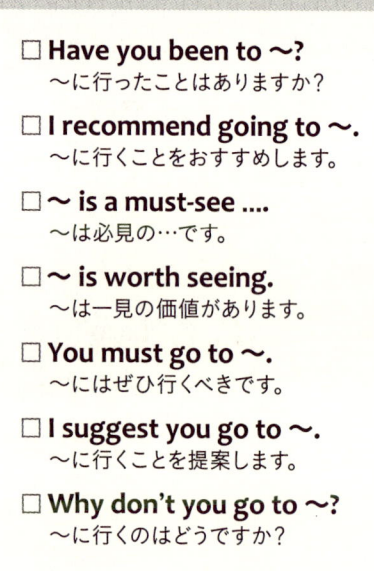

それでは、京都の7つの名所を紹介しながら、"おすすめ"の伝え方をチェックしましょう!

## 1　花街・芸妓

**Have you been to Kagai, the traditional entertainment districts in Kyoto?**
花街に行ったことはありますか？　京都の伝統的な繁華街なんですが。

**The district with the longest history is Kamishichi-ken.**
最も長い歴史を持つ花街は上七軒です。

**You can enjoy "Kitano-Odori" dance performances by Geiko and Maiko (apprentice Geiko) early in April, and in summer, Kamishichi-ken offers an open-air beer garden where you can enjoy foods and drinks with Geiko and Maiko.**
4月上旬ごろには、芸妓や舞妓（見習い芸妓）による「北野をどり」という踊りを楽しむことができ、夏には、上七軒では、芸妓や舞妓と一緒に飲食を楽しめる屋外のビアガーデンが提供されています。

## 2  骨董市

**I recommend going to the Kitano tenman-gu flea markets.**
北野天満宮の骨董市はおすすめです。

**It is held on the 25th of each month. There are about 500 stalls which sell second-hand clothing, pottery, antiques, food etc.**
毎月25日に開催されていて、古着や陶器、骨董品や食料品などを売る約500の屋台が並びます。

**It's a fun place to chat or negotiate prices with the sellers, and to find a nice unique souvenir to take home.**
売主とおしゃべりや価格交渉を楽しめますし、家に持ち帰るのにいい珍しいお土産を見つけられる場所ですよ。

## 3  清水寺

### Kiyomizu-dera is a must-see temple.
清水寺は必見のお寺です。

**It is a World Heritage Site. The widely known Kiyomizu wooden stage deck does not use a single nail.**
世界遺産で、有名な清水寺の木製の舞台には、釘が1本も使用されていません。

**At 13 meters in height, the Kiyomizu stage affords a nice view of the city of Kyoto in the distance.**
13メートルの高さにある舞台の上からは、京都市内の景観が楽しめます。

**The temple buildings are beautifully illuminated at night three times a year in spring, summer and autumn.**
寺院の建物は、春、夏、秋と年に3回、夜間に美しくライトアップされます。

## 4  桜

**The cherry blossoms at Nakaragi-no-michi street are worth seeing.**
なからぎの道の桜は一見の価値があります。

**It's a nice walking path stretching for about 800 meters on the banks of the Kamo River. Local people also love to walk leisurely through the tunnel of weeping cherry blossoms.**
それは賀茂川のほとりに約800メートルにわたって延びる素敵な散歩道で、地元の人たちも、そこのしだれ桜のトンネルを抜けてのんびりと歩くのが大好きです。

**This is the work of Mr. Toemon Sano, who is the famous gardener also known as the "cherry tree doctor."**
ここは、「桜の医者」としても知られている庭師、佐野藤右衛門の作品なのです。

## 5  祇園祭

> **You must go to Gion festival. It's one of the three major festivals in Japan.**
> 祇園祭にはぜひ行くべきです。それは日本の三大祭の1つです。

**The festival lasts one month and its highlight is the parade of 23 floats on July 17th.**

祭は1か月続きますが、ハイライトは、7月17日に行われる23基の山鉾による巡行です。

**Spectators cheer when the floats smoothly change direction at intersections by using wet bamboo strips on the ground.**

山鉾が、地面に敷いた濡れた竹の束を使って交差点でうまく方向転換できると、観衆は大歓声を送るのです。

**Floats are decorated with elaborate art objects, so they are often called moving art museums.**

山鉾は精巧な装飾が施されているので、動く美術館などと呼ばれることもあります。

## 6 光明寺の紅葉

**I suggest you go to Komyo-ji temple to enjoy the beautiful autumn leaves.**

秋の美しい紅葉を楽しむなら、光明寺を訪れることを提案します。

**It is known for its "maple-leaf paths."**

そこは「もみじ参道」で知られています。

**The approach is lined with Japanese maple trees, and the vivid crimson leaves fall from their branches to cover the stone pavement. Many visitors sketch and take pictures while strolling on a carpet of crimson maple leaves.**

入口には楓の木が並び、鮮やかな深紅の葉が枝から落ちて石畳を覆っています。訪れた人の多くは、深紅のもみじのじゅうたんの上を散歩しながら、写真を撮ったりスケッチをしたりしています。

**The roughly 500 trees including a 150 year-old tree are a breathtaking sight.**

樹齢150年の木を含むおよそ500本の木々は、息をのむような光景です。

## 7　三十三間堂

### Why don't you go to Sanjusangen-do temple?
三十三間堂を訪ねてみるのはいかがですか？

**It encompasses the longest wooden building in the world at a length of 121 meters. There is a total of 1001 of the 1000 armed Buddhist statues.**

そこには、121メートル長の世界で最も長い木造建築があり、1001体の千手観音像が置かれています。

**Every January, the historical "Toshiya" archery contest is held. Those who have come of age and archers from all over Japan assemble to compete and show off their skills.**

毎年1月には、「通し矢」という弓の大会が開催され、全国から新成人や弓術家が集結し、その腕前を披露します。

### 168〜169ページの答え

**Q1**：① Take　② off
**Q2**：① subway　② get
**Q3**：① transfer　② at

## おわりに

　最後までお読みいただき、ありがとうございました。

　多くの日本人が海外の人をあたたかくもてなしたいという気持ちを持っているにもかかわらず、文化や価値観の違いから、それがきちんと相手に伝わっていないことが多々あります。良いものを持っていても、控え目すぎて十分紹介できていなかったり、日本人の細やかな気遣いが空回りしたり、誤解を受けているような場面をみると、とてもはがゆい気持ちになります。そんななか、日本人の"国際的なおもてなし度"をアップさせたいと思いながら、現在の仕事や活動に取り組んでいます。

　この本は、英語の細かな部分を指摘したり、ダメ出しをしたりするために書いた本ではありません。難しい単語を使わなくても、すでによく知っている言葉を使ってちょっと工夫するだけでぐんと印象が良くなる！ということを紹介するのが一番の目的です。また、日本でよいとされることが、海外では反対にとられてしまうことがたくさんあります。ですので、相手の文化を事前に知っておくだけで、その後の人間関係が、より簡単にうまくいきます。本書を読まれた後に、文化や考え方の違いについて「へぇー、そうなんだ」という発見が少しでも頭の片隅に残り、"心が伝わる英語・振舞い"につながれば嬉しく思います。

　また、相手の文化や考え方を大切にする、ということは、「"謙虚が美徳"などの日本らしさを捨てて、これからは、欧米のように変わりましょう」という意味ではありません。海外の人と信頼

関係を築くために、目の前の相手に通じるやり方をちゃんと知って実践でき、一方で、日本人同士のときには、日本の文化に合わせた言動をとる、という"海外モード"と"日本モード"の2つを持つことが何より重要です。

　大学時代、初めて一人でアメリカへ行く私に、今は亡き父は、お手製の"旅のしおり"なるものを作って、「自分を"日本代表"とか"大使"だと思って行ってきなさい」と言いました。そのときは「また、大げさな…」と苦笑いしていたものの、今ではその意味がとてもよくわかります（とはいっても、やはり仰々しいですね（笑））。

　ただただ外国万歳ではなく、ぜひ私たち一人ひとりが日本、自分たちの住む地元、また、自分自身のことを十二分にPRして世界の人たちに発信し、日本に来られた人が、日本のいろんな魅力に気付き、日本のファンになってまた来たいと感じてもらえたらと願っています。

　最後になりましたが、この本を執筆するにあたってアドバイスをくれた友人たち、いつも応援してくれる親友や家族・さまざまな航空会社のCA仲間に心から感謝するとともに、英語おもてなし本出版のお声をかけてくださった祥伝社黄金文庫の吉田編集長に深く御礼申し上げます。

2014年7月　神服佐知子

ネイティブが笑顔になる おもてなし英会話

# 一〇〇字書評

切り取り線

| 購買動機（新聞、雑誌名を記入するか、あるいは○をつけてください） |
| --- |
| □ （　　　　　　　　　　　　　）の広告を見て |
| □ （　　　　　　　　　　　　　）の書評を見て |
| □ 知人のすすめで　　　　□ タイトルに惹かれて |
| □ カバーがよかったから　　□ 内容が面白そうだから |
| □ 好きな作家だから　　　　□ 好きな分野の本だから |

●最近、最も感銘を受けた作品名をお書きください

●あなたのお好きな作家名をお書きください

●その他、ご要望がありましたらお書きください

| 住所 | 〒 | | |
| --- | --- | --- | --- |
| 氏名 | | 職業 | 年齢 |
| 新刊情報等のパソコンメール配信を<br>希望する・しない | Ｅメール | ※携帯には配信できません | |

## あなたにお願い

この本の感想を、編集部までお寄せいただけたらありがたく存じます。今後の企画の参考にさせていただきます。Eメールでも結構です。

いただいた「一〇〇字書評」は、新聞・雑誌等に紹介させていただくことがあります。その場合はお礼として特製図書カードを差し上げます。

前ページの原稿用紙に書評をお書きの上、切り取り、左記までお送り下さい。宛先の住所は不要です。

なお、ご記入いただいたお名前、ご住所等は、書評紹介の事前了解、謝礼のお届けのためだけに利用し、そのほかの目的のために利用することはありません。

〒一〇一 - 八七〇一
祥伝社黄金文庫編集長　吉田浩行
☎〇三（三二六五）二〇八四
ohgon@shodensha.co.jp
祥伝社ホームページの「ブックレビュー」
http://www.shodensha.co.jp/
bookreview/
からも、書けるようになりました。

祥伝社黄金文庫

---

ネイティブが笑顔になる おもてなし英会話

平成26年9月10日　初版第1刷発行

著　者　神服佐知子
発行者　竹内和芳
発行所　祥伝社

〒101-8701
東京都千代田区神田神保町3-3
電話　03（3265）2084（編集部）
電話　03（3265）2081（販売部）
電話　03（3265）3622（業務部）
http://www.shodensha.co.jp/

印刷所　堀内印刷

製本所　ナショナル製本

本書の無断複写は著作権法上での例外を除き禁じられています。また、代行業者など購入者以外の第三者による電子データ化及び電子書籍化は、たとえ個人や家庭内での利用でも著作権法違反です。
造本には十分注意しておりますが、万一、落丁・乱丁などの不良品がありましたら、「業務部」あてにお送り下さい。送料小社負担にてお取り替えいたします。ただし、古書店で購入されたものについてはお取り替え出来ません。

---

Printed in Japan　Ⓒ 2014, Sachiko Hattori　ISBN978-4-396-31646-4 C0182

# 祥伝社黄金文庫

## 荒井弥栄 ビジネスで信頼される ファーストクラスの英会話

元JAL国際線CAの人気講師が、ネイティブにも通用するワンランク上の「英語」をレッスン！

## 荒井弥栄 ファーストクラスの英会話 電話・メール・接待・交渉編

大事な交渉の席で、相手にケンカを売るような英語を使っていませんか？ その英語、実はこんなに危険です！

## 石田 健 1日1分！英字新聞

超人気メルマガが本になった！ "生きた英語"はこれで完璧。最新英単語と文法が身につく。

## 石田 健 1日1分！英字新聞 エクスプレス

通勤、通学、休み時間、ちょっとした合間に。これ一冊で「生きた英語」の英単語・文法・リスニングもOK！

## 石田 健 1日1分！英字新聞 エクスプレス2

11万人に読まれている人気メルマガ『毎日1分！英字新聞』の要素を凝縮。英語の実力がみるみるアップ！

## 石田 健 1日1分！英字新聞 チャレンジ

TOEIC® TEST、就活対策にも最適！チャレンジテスト、無料音声ダウンロードつき。本書でラクラク実力アップ！

# 祥伝社黄金文庫

|  |  |  |
|---|---|---|
| 石田 健／著 | ビジネスですぐに役立つ 1日1分！ 英字新聞 | ビジネス英語と時事ネタを、もっと手軽に！ 毎日の積み重ねで、世界の一流ニュースがスラスラ読めちゃう！ |
| 小山内大／著 Blair Thomson／監修 | いきなりスコアアップ！ 新TOEIC® TEST 必勝 単語力 スピード補強 | 頻出単語、イディオムを1000以上収録。3択問題を解くだけで、語彙力も倍増。リーディングセクション対策にも最適！ |
| 片岡文子 | 1日1分！ 英単語 | 夫婦げんかは「fight」では「口げんかは？」[strong]と[tough]、強いのはどっち？ 微妙なニュアンスを本書でマスター！ |
| 片岡文子 | 1日1分！ 英単語 ちょっと〝上級〟 | 試験、英字新聞、受験も恐くない！ 基本語彙の総整理と、超難解ワードの修得が可能!! |
| 片岡文子 | 1日1分！ 英単語 ビジネス | ワンパターンの表現じゃ、いい仕事はできません。ニュアンスの違いがわかれば、使える語彙はどんどん増える。 |
| 川本佐奈恵 | 2014年度版 NHKの英語講座をフル活用した簡単上達法 | たった15分！ 新番組＆定番組の新しい学習情報をたっぷり追加。今度こそ続けられるノウハウが満載！ |

# 祥伝社黄金文庫

|  |  |  |
|---|---|---|
| 小池直己 佐藤誠司 | やり直し中学英語 | たった180ステップで、ただ中学の学習をなぞるだけでなく、より実用的な英語力が身に付きます！ |
| 小池直己 | 新TOEIC TEST 650を約束する20のツボ 1問20秒即答トレーニング | 本書でスピード力をつけ、「20のツボ」で弱点をあぶり出して対策をすれば、650点は確実に取れます！ |
| 斎藤兆史 | 日本人に一番合った英語学習法 明治の人は、なぜあれほどできたのか | 話せない、読めない！ 英語に悩む現代人が手本とすべき、先人たちの「学びの知恵」を探る。 |
| シグリッド・H・塩谷 | アメリカの子供はどう英語を覚えるか | アメリカ人の子供も英語を間違えながら覚えていく。子供に戻った気分で、気楽に学ぼう。 |
| 志緒野マリ | たった3カ月で英語の達人 | 留学経験なし、英語専攻でもなし。たった3カ月の受験勉強で通訳ガイドになった著者の体験的速習法。 |
| 志緒野マリ | これであなたも英会話の達人 | ベテラン通訳ガイドが「企業秘密」を初公開！ 外国人と会話を楽しむワザが笑いながら身につく。 |

# 祥伝社黄金文庫

**中村澄子　1日1分レッスン！ 新TOEIC® TEST 千本ノック！**

解いた分だけ点数UP！　やった人だけが効果を知っている厳選172問。難問、良問、頻出、基本、全てフォロー。

**中村澄子　1日1分レッスン！ 新TOEIC® TEST 千本ノック！ 2**

時間のないあなたに、ぜひおすすめ！　最新の出題傾向がよくわかる、最強の問題集。

**中村澄子　1日1分レッスン！ 新TOEIC® Test 千本ノック！ 3**

カリスマ講師・中村澄子が出題傾向をさらに徹底分析。時間のないあなたにピッタリの厳選150問。

**中村澄子　1日1分レッスン！ 新TOEIC® TEST 千本ノック！ 4**

基本、頻出、難問、良問。カリスマ講師が厳選した122問で勝負！　単語も文法もリーディングも、これでOK！

**中村澄子　1日1分レッスン！ 新TOEIC® TEST 千本ノック！ 5**

著者自らが毎回受験して問題を分析！　最新の出題傾向がズバリわかる最小、最強、最適の問題集！

**中村澄子　1日1分レッスン！ 新TOEIC® TEST 千本ノック！ 6**

効率よく学習したい受験生にピッタリ。スコアの伸び悩み解消に効果抜群。「本番に出た」の声も続々！

# 祥伝社黄金文庫

## 中村澄子

### 1日1分レッスン！ 新TOEIC® TEST 千本ノック！7

シリーズ合計1000問突破！ 大好評のシリーズ最新版。最新の出題傾向がわかる基本・頻出・良問・難問厳選143問！

## 中村澄子

### 1日1分レッスン！ 新TOEIC® TEST 英単語、これだけ

試験に出ない単語は載っていません！ 耳からも学べる、最小にして最強の単語集。

## 中村澄子

### 1日1分レッスン！ 新TOEIC® Test 英単語、これだけ セカンド・ステージ

本当に試験に出る単語を、さらに360集めました。「最小にして最強の単語本」待望の中級編。

## 中村澄子

### 1日1分レッスン！ 新TOEIC® TEST 英単語、これだけ 完結編

厳選単語シリーズ第三弾。本当に試験に出る単語を効率よく覚えられるよう工夫された、究極の単語本。

## 中村澄子

### 新TOEIC®テスト スコアアップ135のヒント

最強のTOEICテスト攻略法。基本から直前・当日対策まで、もっとも効率的な勉強法はコレだ！

## 中村澄子

### 1日1分！やさしく読める フィナンシャルタイムズ＆エコノミスト

「TOEICだけでは世界で取り残される」本書で世界のビジネス最新情報を英語でサクッと読めるようになろう！